Smaker från Asien 2023

Upptäck de Hemliga Smakerna av Asien med Över 100 Recept från Kina, Japan, Thailand och Korea

Mei Ling

innehåll

Kryddigt stekt fläsk ... 9
ångade fläskbullar ... 10
fläsk med kål ... 11
Fläsk med kål och tomater ... 14
Marinerat fläsk med kål ... 15
Fläsk med selleri ... 17
Fläsk med kastanjer och svamp ... 18
fläskkotlett suey ... 19
Pork Chow Mein ... 21
Fried Pork Chow Mein ... 23
fläsk med chutney ... 24
Fläsk med gurka ... 25
krispiga fläskpaket ... 26
fläsk ägg rullar ... 27
Fläsk och räkor äggrullar ... 28
Kokt fläsk med ägg ... 29
eldsvin ... 29
stekt sidfläsk ... 31
Fem kryddor fläsk ... 31
Doftande kokt fläsk ... 32
Fläsk med finhackad vitlök ... 33
Sauterad fläsk med ingefära ... 34
Fläsk med gröna bönor ... 35
Fläsk med skinka och tofu ... 36
Stekt fläskspett ... 38
Bräserad fläskknoge i röd sås ... 39
marinerat fläsk ... 41
Marinerade fläskkotletter ... 42
Fläsk med svamp ... 43
ångad biff ... 44
Rött kokt fläsk med svamp ... 45
Fläskpannkaka med nudlar ... 46

Nudelpannkaka med fläsk och räkor ... 47
Fläsk med ostronsås ... 48
fläsk med jordnötter ... 49
Fläsk med paprika ... 51
Kryddigt fläsk med pickles ... 52
Fläsk med plommonsås ... 53
Fläsk med räkor ... 54
kokt rött fläsk ... 55
Fläsk i röd sås ... 56
Fläsk med risnudlar ... 58
läckra fläskbollar ... 60
grillade fläskkotletter ... 61
kryddat fläsk ... 62
Hala fläskskivor ... 64
Fläsk med spenat och morötter ... 65
ångat fläsk ... 66
stekt fläsk ... 67
Fläsk med sötpotatis ... 68
sötsurt fläsk ... 69
salt fläsk ... 71
Fläsk med tofu ... 72
stekt fläsk ... 73
två gånger tillagat fläsk ... 74
Fläsk med grönsaker ... 75
Fläsk med valnötter ... 77
fläsk wontons ... 78
Fläsk med vattenkastanjer ... 79
Fläsk och räkor Wonton ... 80
ångade köttbullar ... 81
Baby back ribs med svart bönsås ... 83
grillade revbensspjäll ... 85
Rostade lönnrevben ... 86
stekt fläsk revbensspjäll ... 87
Revben med purjolök ... 88
Revben med svamp ... 90
Revben med apelsiner ... 91

Revben av ananas 93
Krispiga räkor 95
Revben med risvin 96
Revben med sesamfrön 97
Söta och mjuka revben 99
Sauterade revbensspjäll 101
Revben med tomater 102
grillat fläsk 104
Kall fläsk med senap 105
Kinesiskt stekt fläsk 106
Fläsk med spenat 107
stekta fläskbollar 108
Fläsk och räkor äggrullar 109
Ångad fläskfärs 111
Stekt fläsk med krabbakött 112
Fläsk med böngroddar 113
Enkel kycklingpuré 114
Kyckling i tomatsås 116
Kyckling med tomater 116
Pocherad kyckling med tomater 117
Kyckling och tomater med svartbönsås 118
Snabblagad kyckling med grönsaker 119
kyckling med nötter 120
Kyckling med valnötter 121
Kyckling med vattenkastanjer 122
Saltad kyckling med vattenkastanjer 123
kyckling wonton 125
krispiga kycklingvingar 126
Five Spice Chicken Wings 127
Marinerade kycklingvingar 128
Kungliga kycklingvingar 130
Kryddade kycklingvingar 132
grillade kycklinglår 133
Hoisin kycklinglår 134
kokt kyckling 135
krispig stekt kyckling 136

Hel stekt kyckling 138
Five Spice Chicken 139
Kyckling med ingefära och gräslök 141
pocherad kyckling 142
Röd kokt kyckling 143
Kyckling med kryddor tillagad i rött 144
sesamstekt kyckling 145
Kyckling i sojasås 146
ångad kyckling 147
Ångad kyckling med anis 148
konstigt smakande kyckling 149
Krispiga kycklingbitar 150
Kyckling med gröna bönor 151
Kokt kyckling med ananas 152
Kyckling med paprika och tomater 153
kyckling sesam 154
stekt poussin 155
Turkiet med Mangetout 156
Turkiet med paprika 158
Kinesiskt grillat Turkiet 160
Kalkon med nötter och svamp 161
Anka med bambuskott 162
Anka med böngroddar 163
stuvad anka 164
Ångad anka med selleri 165
Anka med ingefära 166
Anka med gröna bönor 168
ångad stekt anka 170
Anka med exotiska frukter 171
Bräserad anka med kinesiska blad 173
berusad anka 174
fem erfarna ankor 175
Helstekt anka med ingefära 176
Anka med skinka och purjolök 177
stekt anka med honung 178
fuktig stekt anka 179

Sauterad anka med svamp 180
Anka med två svampar 182
Ankgryta med lök 183
Anka med apelsin 185
Helstekt hel anka med apelsiner 186
Anka med päron och kastanjer 187
Pekinganka 188
Stuvad anka med ananas 191
Sauterad anka med ananas 192
Ananas och ingefära Anka 194
Anka med ananas och litchi 195
Anka med fläsk och kastanjer 196
Anka med potatis 197
Röd kokt anka 199
Helstekt anka med risvin 200
Ångad anka med risvin 201
Salt anka 202
Saltad anka med gröna bönor 203
Slow Cooked Anka 205
Anka fru 207
anka med sötpotatis 208
sötsur anka 210
mandarin anka 212
Anka med grönsaker 212
Sauterad anka med grönsaker 214
Vit kokt anka 216
anka med vin 217

Kryddigt stekt fläsk

för 4 personer

450 g / 1 lb fläsk, tärnad
salt och peppar
30 ml / 2 matskedar sojasås
30 ml / 2 matskedar hoisinsås
45 ml / 3 matskedar jordnötsolja (jordnötter)
120 ml / 4 fl oz / ½ kopp risvin eller torr sherry
300 ml / ½ pt / 1¼ koppar kycklingsoppa
5 ml / 1 tesked fem kryddor pulver
6 vårlökar (lökar), hackade
225 g / 8 oz ostronsvamp, skivad
15 ml / 1 matsked majsmjöl (majsstärkelse)

Krydda köttet med salt och peppar. Lägg upp på en tallrik och blanda sojasås och hoisin. Täck över och låt marinera i 1 timme. Hetta upp oljan och stek köttet tills det får färg. Tillsätt vin eller sherry, fond och 5-kryddspulver, låt koka upp, täck och låt sjuda i 1 timme. Tillsätt vårlöken och svampen, ta av locket och koka i ytterligare 4 minuter. Blanda majsstärkelsen med lite vatten, koka upp och koka under omrörning i 3 minuter tills såsen tjocknar.

ångade fläskbullar

12 nu

30 ml / 2 matskedar hoisinsås

15 ml/1 msk ostronsås

15 ml/1 matsked sojasås

2,5 ml / ½ tsk sesamolja

30 ml / 2 matskedar jordnötsolja

10 ml / 2 tsk riven ingefärarot

1 pressad vitlöksklyfta

300 ml / ½ pt / 1¼ kopp vatten

15 ml / 1 matsked majsmjöl (majsstärkelse)

225 g / 8 oz kokt fläsk, finhackat

4 vårlökar (lökar), fint hackade

350 g / 12 oz / 3 koppar universalmjöl

15 ml/1 matsked bakpulver

2,5 ml / ½ tsk salt

50 g / 2 oz / ½ kopp ister

5 ml / 1 tsk vinäger

12 x 13 cm rutor av vaxat papper

Rör ner hoisin, ostron och sojasåser och sesamolja. Hetta upp oljan och fräs ingefära och vitlök tills de fått lite färg. Tillsätt såsblandningen och stek i 2 minuter. Blanda 120 ml / ½ kopp vatten med majsmjölet och rör ner i pannan. Koka upp, rör om och koka tills blandningen tjocknar. Tillsätt fläsket och löken och låt svalna.

Blanda mjöl, bakpulver och salt. Gnid in ister tills blandningen liknar fina ströbröd. Rör ner resterande vinäger och vatten och blanda sedan i mjölet till en fast deg. Knåda lätt på mjölat underlag, täck över och låt vila i 20 minuter.

Knåda degen igen, dela den sedan i 12 och forma var och en till en boll. Kavla ut till 6/15 cm cirklar på mjölat underlag. Lägg skedar fyllning i mitten av varje cirkel, pensla kanterna med vatten och nyp ihop kanterna för att täta fyllningen. Pensla ena sidan av varje bakplåtspappersruta med olja. Lägg varje bulle på en fyrkant av papper, med sömmen nedåt. Lägg bullarna i ett enda lager på galler över kokande vatten. Täck över och ånga bullarna i ca 20 minuter tills de är genomstekta.

fläsk med kål

för 4 personer

6 torkade kinesiska svampar

30 ml / 2 matskedar jordnötsolja

450 g / 1 lb fläsk, skuren i strimlor

2 skivade lökar

2 röda paprikor skurna i strimlor

350 g / 12 oz vitkål, strimlad

2 hackad vitlöksklyfta

2 bitar ingefära, hackad

30 ml / 2 skedar honung

45 ml / 3 matskedar sojasås

120 ml / 4 fl oz / ½ kopp torrt vitt vin

salt och peppar

10 ml / 2 tsk majsmjöl (majsstärkelse)

15 ml/1 matsked vatten

Blötlägg svampen i varmt vatten i 30 minuter, låt sedan rinna av. Kassera stjälkarna och skär av topparna. Hetta upp oljan och stek fläsket tills det fått lite färg. Tillsätt grönsakerna, vitlöken och ingefäran och fräs i 1 minut. Tillsätt honung, soja och vin, låt koka upp, täck och låt sjuda i 40 minuter tills köttet är genomstekt. Krydda med salt och peppar. Kombinera majsmjöl och vatten och blanda i pannan. Koka upp under konstant omrörning och koka i 1 minut.

Fläsk med kål och tomater

för 4 personer

30 ml / 2 matskedar jordnötsolja
450 g/1 lb magert fläsk, skivat
salt och nymalen peppar
1 pressad vitlöksklyfta
1 finhackad lök
½ vitkål, strimlad
450 g / 1 lb tomater, skalade och delade i fjärdedelar
250 ml / 8 fl oz / 1 kopp buljong
30 ml / 2 matskedar majsmjöl (majsstärkelse)
15 ml/1 matsked sojasås
60 ml / 4 matskedar vatten

Hetta upp oljan och fräs fläsket, salt, peppar, vitlök och lök tills de fått lite färg. Tillsätt kål, tomater och fond, låt koka upp, täck och låt sjuda i 10 minuter tills kålen är mjuk. Blanda majsmjöl, soja och vatten till en pasta, blanda i pannan och koka under omrörning tills såsen klarnar och tjocknar.

Marinerat fläsk med kål

för 4 personer

350 g / 12 oz pancetta

2 vårlökar (lökar), hackade

1 skiva ingefära, finhackad

1 kanelstång

3 stjärnanisnejlika

45 ml / 3 matskedar farinsocker

600ml / 1pt / 2½ koppar vatten

15 ml/1 matsked jordnötsolja

15 ml/1 matsked sojasås

5 ml / 1 tsk tomatpuré (pasta)

5 ml / 1 tsk ostronsås

100 g / 4 oz bok choy hjärtan

100g / 4oz pak choi

Skär fläsket i 10/4 cm bitar och lägg i en skål. Tillsätt vårlök, ingefära, kanel, stjärnanis, socker och vatten och låt stå i 40 minuter. Hetta upp oljan, ta bort fläsket från marinaden och tillsätt det i pannan. Stek tills de är lätt gyllene, tillsätt sedan soja, tomatpuré och ostronsås. Koka upp och låt sjuda i ca 30 minuter tills fläsket är mört och vätskan minskat, tillsätt eventuellt lite mer vatten under tillagningen.

Koka under tiden kålhjärtan och pak choi över kokande vatten i cirka 10 minuter tills de är mjuka. Lägg på ett hett serveringsfat, toppa med fläsket och häll över såsen.

Fläsk med selleri

för 4 personer

45 ml / 3 matskedar jordnötsolja (jordnötter)
1 pressad vitlöksklyfta
1 vårlök (vårlök), hackad
1 skiva ingefära, finhackad
225 g/8 oz magert fläsk, skivat
100 g selleri, tunt skivad
45 ml / 3 matskedar sojasås
15 ml / 1 msk risvin eller torr sherry
5 ml / 1 tsk majsmjöl (majsstärkelse)

Hetta upp oljan och fräs vitlök, vårlök och ingefära tills de fått lite färg. Tillsätt fläsket och stek i 10 minuter tills det fått färg. Tillsätt sellerin och fräs i 3 minuter. Tillsätt resten av ingredienserna och stek i 3 minuter.

Fläsk med kastanjer och svamp

för 4 personer

4 torkade kinesiska svampar

100 g / 4 oz / 1 kopp kastanjer

30 ml / 2 matskedar jordnötsolja

2,5 ml / ½ tsk salt

450g/1lb magert fläsk, tärnad

15 ml/1 matsked sojasås

375 ml / 13 fl oz / 1½ dl kycklingfond

100g / 4oz vattenkastanjer, skivade

Blötlägg svampen i varmt vatten i 30 minuter, låt sedan rinna av. Kassera stjälkarna och skär topparna på mitten. Koka kastanjerna i 1 minut i kokande vatten och låt rinna av. Hetta upp olja och salt och stek sedan fläsket tills det får färg. Tillsätt sojasåsen och stek i 1 minut. Tillsätt fonden och låt koka upp. Tillsätt kastanjerna och vattenkastanjerna, låt koka upp igen, täck och låt sjuda i ca 1 1/2 timme tills köttet är mört.

fläskkotlett suey

för 4 personer

100 g / 4 oz bambuskott, skurna i strimlor

100g / 4oz vattenkastanjer, tunt skivade

60 ml / 4 matskedar jordnötsolja

3 vårlökar (lökar), hackade

2 vitlöksklyftor, hackade

1 skiva ingefära, finhackad

225 g/8 oz magert fläsk, skivat

45 ml / 3 matskedar sojasås

15 ml / 1 msk risvin eller torr sherry

5 ml/1 tesked salt

5 ml/1 tesked socker

nymalen peppar

15 ml / 1 matsked majsmjöl (majsstärkelse)

Blanchera bambuskotten och blötlägg kastanjerna i kokande vatten i 2 minuter, låt rinna av och torka. Hetta upp 45 ml / 3 msk olja och fräs vårlöken, vitlöken och ingefäran tills de fått lite färg. Tillsätt fläsket och stek i 4 minuter. Ta bort från pannan.

Hetta upp resterande olja och stek grönsakerna i 3 minuter. Tillsätt fläsk, soja, vin eller sherry, salt, socker och en nypa peppar och stek i 4 minuter. Blanda majsmjölet med lite vatten, rör ner i pannan och koka under omrörning tills såsen klarnar och tjocknar.

Pork Chow Mein

för 4 personer

4 torkade kinesiska svampar

30 ml / 2 matskedar jordnötsolja

2,5 ml / ½ tsk salt

4 vårlökar (lökar), hackade

225 g/8 oz magert fläsk, skivat

15 ml/1 matsked sojasås

5 ml/1 tesked socker

3 stjälkar selleri, hackade

1 lök, skivad

100 g / 4 oz svamp, halverad

120 ml / 4 fl oz / ½ kopp kycklingfond

stekta nudlar

Blötlägg svampen i varmt vatten i 30 minuter, låt sedan rinna av. Kassera stjälkarna och skär av topparna. Hetta upp olja och salt och fräs vårlöken tills den är mjuk. Tillsätt fläsket och stek tills det fått lite färg. Rör ner soja, socker, selleri, lök och färsk och torkad svamp och fräs i ca 4 minuter tills ingredienserna är väl blandade. Tillsätt fonden och låt sjuda i 3 minuter. Tillsätt hälften av nudlarna i pannan och rör om försiktigt, tillsätt sedan resten av nudlarna och rör om tills de är genomvärmda.

Fried Pork Chow Mein

för 4 personer

100 g / 4 oz böngroddar
45 ml / 3 matskedar jordnötsolja (jordnötter)
100 g / 4 oz bok choy, strimlad
225 g / 8 oz stekt fläsk, skivat
5 ml/1 tesked salt
15 ml / 1 msk risvin eller torr sherry

Blanchera böngroddarna i kokande vatten i 4 minuter och låt rinna av. Hetta upp oljan och fräs böngroddar och vitkål tills de är mjuka. Tillsätt fläskkött, salt och sherry och stek tills det är genomvärmt. Tillsätt hälften av de korta nudlarna i pannan och rör om försiktigt tills de är genomvärmda. Tillsätt de återstående nudlarna och rör om tills de är genomvärmda.

fläsk med chutney

för 4 personer

5 ml / 1 tesked fem kryddor pulver

5 ml / 1 tsk currypulver

450 g / 1 lb fläsk, skuren i strimlor

30 ml / 2 matskedar jordnötsolja

6 stycken vårlökar (salladslökar), skurna i strimlor

1 stav selleri, skuren i strimlor

100 g / 4 oz böngroddar

1 200 g burk kinesisk söt pickles, tärnad

45 ml / 3 matskedar mango chutney

30 ml / 2 matskedar sojasås

30 ml / 2 msk tomatpuré (pasta)

150 ml / ¼ pt / generös ½ kopp kycklingfond

10 ml / 2 tsk majsmjöl (majsstärkelse)

Gnid in kryddorna väl i fläsket. Hetta upp oljan och stek köttet i 8 minuter eller tills det är genomstekt. Ta bort från pannan. Tillsätt grönsakerna i pannan och stek i 5 minuter. Lägg tillbaka fläsket i pannan med alla andra ingredienser utom majsen. Rör om tills det är väldigt varmt. Blanda majsmjölet med lite vatten, blanda i pannan och koka på svag värme under omrörning tills såsen tjocknar.

Fläsk med gurka

för 4 personer

225 g/8 oz magert fläsk, skivat
30 ml / 2 matskedar universalmjöl
salt och nymalen peppar
60 ml / 4 matskedar jordnötsolja
225 g / 8 oz gurka, skalad och skivad
30 ml / 2 matskedar sojasås

Blanda fläsket med mjölet och smaka av med salt och peppar. Hetta upp oljan och stek fläsket i ca 5 minuter tills det är genomstekt. Tillsätt gurkan och sojan och fräs ytterligare 4 minuter. Kontrollera och justera kryddningen och servera med stekt ris.

krispiga fläskpaket

för 4 personer

4 torkade kinesiska svampar

30 ml / 2 matskedar jordnötsolja

225 g/8 oz fläskfilé, mald (malen)

50 g / 2 oz räkor, skalade och hackade

15 ml/1 matsked sojasås

15 ml / 1 matsked majsmjöl (majsstärkelse)

30 ml / 2 matskedar vatten

8 fjäderrullar

100 g / 4 oz / 1 kopp majsmjöl (maizena)

olja för stekning

Blötlägg svampen i varmt vatten i 30 minuter, låt sedan rinna av. Kassera stjälkarna och finhacka topparna. Hetta upp oljan och stek svamp, fläsk, räkor och sojabönor i 2 minuter. Blanda majsmjöl och vatten till en pasta och rör ner i blandningen för att göra fyllningen.

Skär omslagen i strimlor, lägg lite fyllning i slutet av varje och rulla till trianglar, täck med lite av mjöl- och vattenblandningen. Strö rikligt med majsstärkelse. Hetta upp oljan och stek trianglarna tills de blir krispiga och gyllene. Låt rinna av väl före servering.

fläsk ägg rullar

för 4 personer

225 g / 8 oz magert fläsk, strimlat
1 skiva ingefära, finhackad
1 hackad vårlök
15 ml/1 matsked sojasås
15 ml/1 matsked vatten
12 äggrullar
1 uppvispat ägg
olja för stekning

Blanda fläsk, ingefära, lök, soja och vatten. Lägg lite av fyllningen i mitten av varje skal och pensla kanterna med uppvispat ägg. Vik in sidorna, rulla sedan bort äggrullen från dig, försegla kanterna med ägg. Grilla i ångugn i 30 minuter tills fläsket är genomstekt. Hetta upp oljan och stek i några minuter tills den blir krispig och gyllene.

Fläsk och räkor äggrullar

för 4 personer

30 ml / 2 matskedar jordnötsolja

225 g / 8 oz magert fläsk, strimlat

6 vårlökar (lökar), hackade

225 g / 8 oz böngroddar

100 g / 4 oz skalade räkor, hackade

15 ml/1 matsked sojasås

2,5 ml / ½ tsk salt

12 äggrullar

1 uppvispat ägg

olja för stekning

Hetta upp oljan och fräs fläsket och vårlöken tills de fått lite färg. Blötlägg under tiden böngroddarna i kokande vatten i 2 minuter och låt rinna av. Lägg böngroddarna i pannan och stek i 1 minut. Tillsätt räkor, soja och salt och fräs i 2 minuter. Låt det svalna.

Lägg lite fyllning i mitten av varje skal och pensla kanterna med uppvispat ägg. Vik in sidorna och rulla sedan rullarna i ägg, försegla kanterna med ägg. Hetta upp oljan och stek äggrullarna tills de blir krispiga och gyllene.

Kokt fläsk med ägg

för 4 personer

450 g / 1 lb magert fläsk
30 ml / 2 matskedar jordnötsolja
1 hackad lök
90 ml / 6 matskedar sojasås
45 ml / 3 matskedar risvin eller torr sherry
15 ml/1 matsked farinsocker
3 hårdkokta ägg (hårdkokta)

Koka upp en kastrull med vatten, tillsätt fläsket, låt koka upp igen och låt sjuda tills det tjocknat. Ta bort från pannan, låt rinna av väl och tärna sedan. Hetta upp oljan och fräs löken tills den är mjuk. Tillsätt fläsket och stek tills det fått lite färg. Tillsätt sojasås, vin eller sherry och socker, täck över och låt sjuda i 30 minuter, rör om då och då. Skrapa försiktigt utsidan av äggen, lägg dem sedan i pannan, täck över och koka i ytterligare 30 minuter.

eldsvin

för 4 personer

450 g / 1 kg sidfläsk, skuren i strimlor

30 ml / 2 matskedar sojasås

30 ml / 2 matskedar hoisinsås

5 ml / 1 tesked fem kryddor pulver

15 ml / 1 sked peppar

15 ml/1 matsked farinsocker

15 ml/1 matsked sesamolja

30 ml / 2 matskedar jordnötsolja

6 vårlökar (lökar), hackade

1 grön paprika skuren i bitar

200 g / 7 oz böngroddar

2 ananasskivor, tärnade

45 ml / 3 matskedar tomatsås (ketchup)

150 ml / ¼ pt / generös ½ kopp kycklingfond

Lägg köttet i en skål. Blanda sojasås, hoisinsås, femkryddspulver, peppar och socker, häll över köttet och marinera i 1 timme. Hetta upp oljorna och stek köttet tills det får färg. Ta bort från pannan. Tillsätt grönsakerna och stek i 2 minuter. Tillsätt ananas, tomatsås och fond och låt koka upp. Lägg tillbaka köttet i pannan och värm upp innan servering.

stekt sidfläsk

för 4 personer

350 g / 12 oz fläskfilé, tärnad

15 ml / 1 msk risvin eller torr sherry

15 ml/1 matsked sojasås

5 ml / 1 tsk sesamolja

30 ml / 2 matskedar majsmjöl (majsstärkelse)

olja för stekning

Blanda fläsk, vin eller sherry, sojasås, sesamolja och majsmjöl så att fläsket täcks med en tjock smet. Hetta upp oljan och stek fläsket i ca 3 minuter tills det är knaprigt. Ta bort fläsket från pannan, värm oljan igen och stek igen i ca 3 minuter.

Fem kryddor fläsk

för 4 personer

225 g/8 oz magert fläsk

5 ml / 1 tsk majsmjöl (majsstärkelse)

2,5 ml / ½ tesked femkryddspulver

2,5 ml / ½ tsk salt

15 ml / 1 msk risvin eller torr sherry

20 ml / 2 matskedar jordnötsolja

120 ml / 4 fl oz / ½ kopp kycklingfond

Skär fläsket i tunna skivor mot säden. Kasta fläsket med grädden, fem kryddor, salt och vin eller sherry och blanda väl för att täcka fläsket. Låt stå i 30 minuter, rör om då och då. Hetta upp oljan, tillsätt fläsket och stek i ca 3 minuter. Tillsätt fond, låt koka upp, täck över och låt sjuda i 3 minuter. Servera omedelbart.

Doftande kokt fläsk

Serveras från 6 till 8

1 bit tangerinskal

45 ml / 3 matskedar jordnötsolja (jordnötter)

900g/2lb magert fläsk, tärnad

250 ml / 8 fl oz / 1 kopp risvin eller torr sherry

120 ml / 4 fl oz / ½ kopp sojasås

2,5 ml / ½ tsk anispulver

½ kanelstång

4 tänder

5 ml/1 tesked salt

250 ml / 8 fl oz / 1 kopp vatten

2 vårlökar (lökar), skivade

1 skiva ingefära, finhackad

Blötlägg mandarinskalet i vatten medan du förbereder rätten. Hetta upp oljan och stek fläsket tills det fått lite färg. Tillsätt vin eller sherry, soja, anispulver, kanel, kryddnejlika, salt och vatten. Koka upp, tillsätt mandarinskal, vårlök och ingefära. Täck över och låt sjuda i cirka 1½ timme tills de är mjuka, rör om då och då och tillsätt lite kokande vatten om det behövs. Ta bort kryddorna innan servering.

Fläsk med finhackad vitlök

för 4 personer

450g / 1lb fläskmage, utan skinn

3 skivor ingefärarot

2 vårlökar (lökar), hackade
30 ml / 2 matskedar finhackad vitlök
30 ml / 2 matskedar sojasås
5 ml/1 tesked salt
15 ml / 1 sked kycklingsoppa
2,5 ml / ½ tesked chiliolja
4 korianderkvistar

Lägg fläsket i en kastrull med ingefära och vårlök, täck med vatten, låt koka upp och låt sjuda i 30 minuter tills det är genomstekt. Ta bort och låt rinna av väl, skär sedan i tunna skivor ca 5 cm / 2 kvadrat. Lägg skivorna i ett durkslag av metall. Koka upp en kastrull med vatten, lägg i fläskskivorna och koka i 3 minuter tills de är genomvärmda. Lägg på ett varmt serveringsfat. Blanda vitlök, soja, salt, buljong och chiliolja och häll över fläsket. Servera garnerad med koriander.

Sauterad fläsk med ingefära

för 4 personer
225 g/8 oz magert fläsk
5 ml / 1 tsk majsmjöl (majsstärkelse)
30 ml / 2 matskedar sojasås
30 ml / 2 matskedar jordnötsolja

1 skiva ingefära, finhackad
1 vårlök (lök), skivad
45 ml / 3 matskedar vatten
5 ml / 1 tsk farinsocker

Skär fläsket i tunna skivor mot säden. Tillsätt majsmjölet, strö sedan över sojasås och blanda igen. Hetta upp oljan och stek fläsket i 2 minuter tills det är genomstekt. Tillsätt ingefäran och vårlöken och fräs i 1 minut. Tillsätt vatten och socker, täck och låt koka i ca 5 minuter tills det är kokt.

Fläsk med gröna bönor

för 4 personer

450 g / 1 kg gröna bönor, skurna i bitar
30 ml / 2 matskedar jordnötsolja
2,5 ml / ½ tsk salt
1 skiva ingefära, finhackad

225 g/8 oz magert fläsk, malet (malet)
120 ml / 4 fl oz / ½ kopp kycklingfond
75 ml / 5 matskedar vatten
2 ägg
15 ml / 1 matsked majsmjöl (majsstärkelse)

Koka bönorna i ca 2 minuter och låt rinna av. Hetta upp oljan och fräs salt och ingefära i några sekunder. Tillsätt fläsket och stek tills det fått lite färg. Tillsätt bönorna och fräs i 30 sekunder, täck med olja. Tillsätt fond, låt koka upp, täck över och låt sjuda i 2 minuter. Vispa 30 ml / 2 msk vatten med äggen och blanda ner dem i pannan. Blanda det återstående vattnet med grädden. När äggen börjar stelna, tillsätt majsmjölet och koka tills blandningen tjocknar. Servera omedelbart.

Fläsk med skinka och tofu

för 4 personer

4 torkade kinesiska svampar
5 ml / 1 tsk jordnötsolja
100 g / 4 oz rökt skinka, skivad
225 g / 8 oz tofu, skivad

225 g/8 oz magert fläsk, skivat

15 ml / 1 msk risvin eller torr sherry

salt och nymalen peppar

1 skiva ingefära, finhackad

1 vårlök (vårlök), hackad

10 ml / 2 tsk majsmjöl (majsstärkelse)

30 ml / 2 matskedar vatten

Blötlägg svampen i varmt vatten i 30 minuter, låt sedan rinna av. Kassera stjälkarna och skär topparna på mitten. Smörj en värmesäker form med jordnötsolja. Varva svamp, skinka, tofun och fläsk på tallriken, med fläsket ovanpå. Strö över vin eller sherry, salt och peppar, ingefära och vårlök. Täck över och koka på en grill över kokande vatten i cirka 45 minuter, tills den är kokt. Häll såsen från skålen utan att störa ingredienserna. Tillsätt tillräckligt med vatten för att göra 250 ml / 8 fl oz / 1 kopp. Blanda majsmjöl och vatten och blanda med såsen. Överför till skålen och koka, rör om, tills såsen blir ljus och tjocknar. Lägg fläskblandningen på ett varmt serveringsfat, häll över såsen och servera.

Stekt fläskspett

för 4 personer

450 g / 1 lb fläskfilé, tunt skivad

100 g / 4 oz kokt skinka, tunt skivad

6 vattenkastanjer, tunt skivade

30 ml / 2 matskedar sojasås
30 ml / 2 matskedar vinäger
15 ml/1 matsked farinsocker
15 ml/1 msk ostronsås
några droppar chiliolja
45 ml / 3 matskedar majsmjöl (majsstärkelse)
30 ml / 2 matskedar risvin eller torr sherry
2 vispade ägg
olja för stekning

Lägg fläsket, skinkan och vattenkastanjerna växelvis på små spett. Rör ner soja, vinäger, socker, ostronsås och chiliolja. Häll över spetten, täck över och låt marinera i kylen i 3 timmar. Blanda majsmjöl, vin eller sherry och ägg tills du får en slät, tjock smet. Vänd ner spetten i smeten för att täcka. Hetta upp oljan och stek spetten tills den blir lite gyllene.

Bräserad fläskknoge i röd sås

för 4 personer

1 stor fläskkotlett
1 l / 1½ poäng / 4¼ koppar kokande vatten
5 ml/1 tesked salt
120 ml / 4 fl oz / ½ kopp vinäger

120 ml / 4 fl oz / ½ kopp sojasås

45 ml / 3 skedar honung

5 ml / 1 tsk enbär

5 ml / 1 tesked anis

5 ml / 1 tsk koriander

60 ml / 4 matskedar jordnötsolja

6 vårlökar (lökar), skivade

2 morötter, tunt skivade

1 selleri, skivad

45 ml / 3 matskedar hoisinsås

30 ml / 2 matskedar mango chutney

75 ml / 5 msk tomatpuré (pasta)

1 pressad vitlöksklyfta

60 ml / 4 matskedar hackad gräslök

Koka fläskläggen med vatten, salt, vinäger, 45 ml / 3 msk sojasås, honung och kryddor. Tillsätt grönsakerna, låt koka upp, täck och låt sjuda i ca 1 1/2 timme tills köttet är mört. Ta bort köttet och grönsakerna från pannan, skär köttet från benet och tärna det. Hetta upp oljan och stek köttet tills det får färg. Tillsätt grönsakerna och stek i 5 minuter. Tillsätt resterande sojasås, hoisinsås, chutney, tomatpuré och vitlök. Koka upp, rör om och koka i 3 minuter. Den serveras beströdd med gräslök.

marinerat fläsk

för 4 personer

450 g / 1 lb magert fläsk
1 skiva ingefära, finhackad
1 pressad vitlöksklyfta

90 ml / 6 matskedar sojasås

15 ml / 1 msk risvin eller torr sherry

45 ml / 3 matskedar jordnötsolja (jordnötter)

1 vårlök (lök), skivad

15 ml/1 matsked farinsocker

nymalen peppar

Blanda fläsket med ingefära, vitlök, 30ml/2 msk sojasås och vin eller sherry. Låt stå i 30 minuter, rör om då och då, ta sedan bort köttet från marinaden. Hetta upp oljan och stek fläsket tills det fått lite färg. Tillsätt vårlöken, sockret, resterande sojasås och en nypa paprika, täck och låt sjuda i ca 45 minuter tills fläsket är genomstekt. Tärna fläsket och servera.

Marinerade fläskkotletter

för 6

6 fläskkotletter

1 skiva ingefära, finhackad

1 pressad vitlöksklyfta

90 ml / 6 matskedar sojasås

30 ml / 2 matskedar risvin eller torr sherry

45 ml / 3 matskedar jordnötsolja (jordnötter)

2 vårlökar (lökar), hackade

15 ml/1 matsked farinsocker

nymalen peppar

Skär bort benet från fläskkotletterna och tärna köttet. Blanda ingefära, vitlök, 30 ml / 2 msk sojasås och vin eller sherry, häll över fläsket och marinera i 30 minuter, rör om då och då. Ta bort köttet från marinaden. Hetta upp oljan och stek fläsket tills det fått lite färg. Tillsätt löken och fräs i 1 minut. Blanda resten av sojan med sockret och en nypa peppar. Tillsätt såsen, låt koka upp, täck och låt sjuda i ca 30 minuter tills fläsket är mört.

Fläsk med svamp

för 4 personer

25 g / 1 oz torkad kinesisk svamp

30 ml / 2 matskedar jordnötsolja

1 klyfta finhackad vitlök

8 oz / 225 g magert fläsk, skivat

4 vårlökar (lökar), hackade

15 ml/1 matsked sojasås

15 ml / 1 msk risvin eller torr sherry

5 ml / 1 tsk sesamolja

Blötlägg svampen i varmt vatten i 30 minuter, låt sedan rinna av. Kassera stjälkarna och skär av topparna. Hetta upp oljan och fräs vitlöken tills den blir något gyllene. Tillsätt fläsket och stek tills det fått färg. Tillsätt vårlök, svamp, soja och vin eller sherry och fräs i 3 minuter. Tillsätt sesamoljan och servera genast.

ångad biff

för 4 personer

450 g / 1 kg malet fläsk (malet)

4 vattenkastanjer, finhackade

225 g / 8 oz svamp, finhackad

5 ml / 1 tsk sojasås

salt och nymalen peppar

1 ägg, lätt uppvispat

Blanda alla ingredienser väl och forma blandningen till en platt kaka i en bakplåt. Ställ pannan på ett galler i en ångugn, täck över och ånga i 1 1/2 timme.

Rött kokt fläsk med svamp

för 4 personer

450g/1lb magert fläsk, tärnad

250 ml / 8 fl oz / 1 kopp vatten

15 ml/1 matsked sojasås

15 ml / 1 msk risvin eller torr sherry

5 ml/1 tesked socker

5 ml/1 tesked salt

225g / 8oz svamp

Lägg fläsket och vattnet i en kastrull och låt vattnet koka upp. Täck över och låt sjuda i 30 minuter, låt rinna av, spara buljongen. Lägg tillbaka fläsket i pannan och tillsätt sojasåsen. Koka på låg värme under omrörning tills sojan absorberas. Tillsätt vin eller sherry, socker och salt. Häll i den reserverade fonden, låt koka upp, täck och låt sjuda i cirka 30 minuter, vänd köttet då och då. Tillsätt svampen och koka i ytterligare 20 minuter.

Fläskpannkaka med nudlar

för 4 personer

30 ml / 2 matskedar jordnötsolja

5 ml/2 tsk salt

225 g/8 oz magert fläsk, skivat

225 g / 8 oz bok choy, strimlad

100 g / 4 oz bambuskott, hackade

100 g / 4 oz svamp, tunt skivad

150 ml / ¼ pt / generös ½ kopp kycklingfond

10 ml / 2 tsk majsmjöl (majsstärkelse)

15 ml / 1 msk risvin eller torr sherry

15 ml/1 matsked vatten
pannkaka med nudlar

Hetta upp oljan och stek salt och fläsk tills det är förkolnat. Tillsätt kål, bambuskott och svamp och stek i 1 minut. Tillsätt fonden, låt koka upp, täck och låt sjuda i 4 minuter tills fläsket är genomstekt. Blanda majsmjölet till en pasta med vinet eller sherryn och vattnet, häll ner i pannan och låt sjuda under omrörning tills såsen klarnar och tjocknar. Häll över pannkaksnudlar för att servera.

Nudelpannkaka med fläsk och räkor

för 4 personer

30 ml / 2 matskedar jordnötsolja

5 ml/1 tesked salt

4 vårlökar (lökar), hackade

1 pressad vitlöksklyfta

225 g/8 oz magert fläsk, skivat

100 g / 4 oz svamp, skivad

4 stjälkar selleri, skivade

225 g / 8 oz räkor i skal

30 ml / 2 matskedar sojasås

10 ml / 1 matsked majsmjöl (majsstärkelse)

45 ml / 3 matskedar vatten

pannkaka med nudlar

Hetta upp olja och salt och fräs löken och vitlöken tills den är mjuk. Tillsätt fläsket och stek tills det fått lite färg. Tillsätt svampen och sellerin och fräs i 2 minuter. Tillsätt räkorna, ringla över sojasås och rör om tills de är genomvärmda. Blanda majsmjöl och vatten till en pasta, blanda i pannan och koka under omrörning tills den är genomvärmd. Häll över pannkaksnudlar för att servera.

Fläsk med ostronsås

Gör 4 till 6 portioner

450 g / 1 lb magert fläsk

15 ml / 1 matsked majsmjöl (majsstärkelse)

10 ml / 2 tsk risvin eller torr sherry

en nypa socker

45 ml / 3 matskedar jordnötsolja (jordnötter)

10 ml/2 teskedar vatten

30 ml / 2 matskedar ostronsås

nymalen peppar

1 skiva ingefära, finhackad

60 ml / 4 msk kycklingfond

Skär fläsket i tunna skivor mot säden. Blanda 5 ml / 1 tsk kärnmjölk med vinet eller sherryn, socker och 5 ml / 1 tsk olja, tillsätt fläsket och blanda väl. Blanda resten av majsstärkelsen med vattnet, ostronsåsen och en nypa peppar. Hetta upp den återstående oljan och fräs ingefäran i 1 minut. Tillsätt fläsket och stek tills det fått lite färg. Tillsätt fond och vatten/ostronsåsblandning, låt koka upp, täck och låt sjuda i 3 minuter.

fläsk med jordnötter

för 4 personer

450g/1lb magert fläsk, tärnad

15 ml / 1 matsked majsmjöl (majsstärkelse)

5 ml/1 tesked salt

1 äggvita

3 vårlökar (lökar), hackade

1 klyfta finhackad vitlök

1 skiva ingefära, finhackad

45 ml / 3 msk kycklingfond

15 ml / 1 msk risvin eller torr sherry

15 ml/1 matsked sojasås

10 ml / 2 teskedar blackstrap melass

45 ml / 3 matskedar jordnötsolja (jordnötter)

½ gurka, tärnad

25 g / 1 oz / ¼ kopp skalade jordnötter

5 ml / 1 tsk het pepparolja

Blanda fläsket med hälften av majsstärkelsen, salt och äggvita och blanda väl för att täcka fläsket. Blanda resten av majsen med vårlök, vitlök, ingefära, buljong, vin eller sherry, soja och melass. Hetta upp oljan och stek fläsket tills det får lite färg, ta sedan ur pannan. Tillsätt gurkorna i pannan och fräs i några minuter. Lägg tillbaka fläsket i pannan och rör om försiktigt. Tillsätt kryddblandningen, låt koka upp och koka under omrörning tills såsen blir ljus och tjocknar. Tillsätt jordnötter och chiliolja och värm igenom innan servering.

Fläsk med paprika

för 4 personer

45 ml / 3 matskedar jordnötsolja (jordnötter)

225 g/8 oz magert fläsk i tärningar

1 tärnad lök

2 grön paprika, tärnad

½ huvud kinesiska blad, tärnade

1 skiva ingefära, finhackad

15 ml/1 matsked sojasås

15 ml/1 matsked socker

2,5 ml / ½ tsk salt

Hetta upp oljan och stek fläsket i ca 4 minuter tills det fått färg. Tillsätt löken och fräs i ca 1 minut. Tillsätt paprikan och stek i

1 minut. Tillsätt de kinesiska bladen och stek i 1 minut. Blanda resten av ingredienserna, lägg dem i pannan och stek i ytterligare 2 minuter.

Kryddigt fläsk med pickles

för 4 personer

900 g / 2 lb fläskkotletter
30 ml / 2 matskedar majsmjöl (majsstärkelse)
45 ml / 3 matskedar sojasås
30 ml / 2 matskedar söt sherry
5 ml / 1 tsk riven ingefärarot
2,5 ml / ½ tesked femkryddspulver
nymalen pepparpulver
olja för stekning
60 ml / 4 msk kycklingfond
Kinesiska inlagda grönsaker

Skär kotletterna, släng allt fett och ben. Blanda majsmjöl, 30 ml / 2 msk sojasås, sherry, ingefära, fem kryddor och peppar.

Häll över fläsket och rör om så att det blir helt täckt. Täck över och marinera i 2 timmar, vänd då och då. Hetta upp oljan och stek fläsket tills det är brunt och genomstekt. Låt rinna av på hushållspapper. Skär fläsket i tjocka skivor, lägg över i ett varmt serveringsfat och håll varmt. Blanda fonden och resten av sojasåsen i en liten kastrull. Koka upp och häll över fläskskivorna. De serveras garnerade med blandade pickles.

Fläsk med plommonsås

för 4 personer

450 g / 1 lb gryta fläsk, tärnad

2 vitlöksklyftor, hackade

Salt

60 ml / 4 matskedar tomatsås (ketchup)

30 ml / 2 matskedar sojasås

45 ml / 3 matskedar plommonsås

5 ml / 1 tsk currypulver

5 ml / 1 tsk paprika

2,5 ml / ½ tesked nymalen peppar

45 ml / 3 matskedar jordnötsolja (jordnötter)

6 stycken vårlökar (salladslökar), skurna i strimlor

4 morötter, skurna i strimlor

Marinera köttet med vitlök, salt, tomatsås, soja, plommonsås, curry, paprika och peppar i 30 minuter. Hetta upp oljan och stek köttet tills det får lite färg. Ta bort från woken. Tillsätt grönsakerna i oljan och stek tills de är mjuka. Lägg tillbaka köttet i pannan och värm upp försiktigt innan servering.

Fläsk med räkor

Serveras från 6 till 8

900 g / 2 lb magert fläsk

30 ml / 2 matskedar jordnötsolja

1 skivad lök

1 vårlök (vårlök), hackad

2 vitlöksklyftor, hackade

30 ml / 2 matskedar sojasås

50 g / 2 oz skalade räkor, hackade

(Jag brukar)

600ml / 1pt / 2½ koppar kokande vatten

15 ml/1 matsked socker

Koka upp en kastrull med vatten, tillsätt fläsket, täck över och låt sjuda i 10 minuter. Ta bort från pannan och låt rinna av väl, tärna sedan. Hetta upp oljan och fräs löken, vårlöken och vitlöken tills de fått lite färg. Tillsätt fläsket och stek tills det fått lite färg. Tillsätt sojasås och räkor och fräs i 1 minut. Tillsätt det kokande vattnet och sockret, täck över och låt sjuda i ca 40 minuter tills fläsket är mört.

kokt rött fläsk

för 4 personer

675g/1½lb magert fläsk, tärnad

250 ml / 8 fl oz / 1 kopp vatten

1 skiva ingefära, finhackad

60 ml / 4 matskedar sojasås

15 ml / 1 msk risvin eller torr sherry

5 ml/1 tesked salt

10 ml / 2 matskedar farinsocker

Lägg fläsket och vattnet i en kastrull och låt vattnet koka upp. Tillsätt ingefära, sojasås, sherry och salt, lock och låt sjuda i 45 minuter. Tillsätt sockret, vänd på köttet, täck över och låt sjuda i ytterligare 45 minuter tills fläsket är mört.

Fläsk i röd sås

för 4 personer

30 ml / 2 matskedar jordnötsolja

225 g / 8 oz fläsknjurar, skurna i strimlor

450 g / 1 lb fläsk, skuren i strimlor

1 skivad lök

4 stycken vårlökar (salladslökar), skurna i strimlor

2 morötter, skurna i strimlor

1 stav selleri, skuren i strimlor

1 röd paprika skuren i strimlor

45 ml / 3 matskedar sojasås

45 ml / 3 matskedar torrt vitt vin

300 ml / ½ pt / 1¼ koppar kycklingsoppa

30 ml / 2 matskedar plommonsås

30 ml / 2 matskedar vinäger

5 ml / 1 tesked fem kryddor pulver

5 ml / 1 tsk farinsocker

15 ml / 1 matsked majsmjöl (majsstärkelse)

15 ml/1 matsked vatten

Hetta upp oljan och stek njurarna i 2 minuter, ta sedan bort dem från pannan. Hetta upp oljan och stek fläsket tills det fått lite färg. Tillsätt grönsakerna och stek i 3 minuter. Tillsätt sojasås, vin, fond, plommonsås, vinäger, pulver med fem kryddor och socker, låt koka upp, täck och låt sjuda i 30 minuter tills det är kokt. Lägg till njurarna. Kombinera majsmjöl och vatten och blanda i pannan. Koka upp och koka under omrörning tills såsen tjocknar.

Fläsk med risnudlar

för 4 personer

4 torkade kinesiska svampar

100 g risnudlar

225 g/8 oz magert fläsk, skivat

15 ml / 1 matsked majsmjöl (majsstärkelse)

15 ml/1 matsked sojasås

15 ml / 1 msk risvin eller torr sherry

45 ml / 3 matskedar jordnötsolja (jordnötter)

2,5 ml / ½ tsk salt

1 skiva ingefära, finhackad

2 stjälkar selleri, hackade

120 ml / 4 fl oz / ½ kopp kycklingfond

2 vårlökar (lökar), skivade

Blötlägg svampen i varmt vatten i 30 minuter, låt sedan rinna av. Kassera stjälkarna och skär av topparna. Blötlägg nudlarna i varmt vatten i 30 minuter, låt rinna av och skär i 5/2 cm bitar

Lägg fläsket i en skål. Kombinera majsmjöl, sojasås och vin eller sherry, häll över fläsket och rör om. Hetta upp oljan och fräs salt och ingefära i några sekunder. Tillsätt fläsket och stek tills det fått lite färg. Tillsätt svampen och sellerin och fräs i 1 minut. Tillsätt fond, låt koka upp, täck över och låt sjuda i 2 minuter. Tillsätt nudlarna och värm i 2 minuter. Tillsätt gräslöken och servera genast.

läckra fläskbollar

för 4 personer

450 g / 1 kg malet fläsk (malet)

100 g / 4 oz tofu, mald

4 vattenkastanjer, finhackade

salt och nymalen peppar

120 ml / 4 fl oz / ½ kopp jordnötsolja (jordnötter)

1 skiva ingefära, finhackad

600 ml / 1 pct / 2½ dl kycklingsoppa

15 ml/1 matsked sojasås

5 ml / 1 tsk farinsocker

5 ml / 1 tsk risvin eller torr sherry

Blanda fläsk, tofun och kastanjer och smaka av med salt och peppar. Forma till stora bollar. Hetta upp oljan och stek fläskbollarna tills de fått färg på alla sidor, ta sedan ur pannan. Häll av allt utom 15 ml/1 msk olja och tillsätt ingefära, fond, soja, socker och vin eller sherry. Lägg tillbaka fläskbollarna i pannan, låt koka upp och låt sjuda i 20 minuter tills de är genomstekta.

grillade fläskkotletter

för 4 personer

4 fläskkotletter

75 ml / 5 matskedar sojasås

olja för stekning

100 g selleristavar

3 vårlökar (lökar), hackade

1 skiva ingefära, finhackad

15 ml / 1 msk risvin eller torr sherry

120 ml / 4 fl oz / ½ kopp kycklingfond

salt och nymalen peppar

5 ml / 1 tsk sesamolja

Doppa fläskkotletter i sojasås tills de är väl täckta. Hetta upp oljan och stek kotletterna gyllene. Ta bort och låt rinna av väl. Lägg sellerin i botten av en ugnssäker form. Strö över vårlöken och ingefäran och lägg fläskkotletterna ovanpå. Häll över vinet eller sherryn och fonden och smaka av med salt och peppar. Ringla över sesamolja. Rosta i en förvärmd ugn vid 200°C/400°C/gasmark 6 i 15 minuter.

kryddat fläsk

för 4 personer

1 tärnad gurka

Salt

450g/1lb magert fläsk, tärnad

5 ml/1 tesked salt

45 ml / 3 matskedar sojasås

30 ml / 2 matskedar risvin eller torr sherry

30 ml / 2 matskedar majsmjöl (majsstärkelse)

15 ml/1 matsked farinsocker

60 ml / 4 matskedar jordnötsolja

1 skiva ingefära, finhackad

1 klyfta finhackad vitlök

1 röd chili, kärnad och finhackad

60 ml / 4 msk kycklingfond

Strö över gurkorna med salt och ställ åt sidan. Blanda fläsket, salt, 15 ml / 1 msk sojasås, 15 ml / 1 msk vin eller sherry, 15 ml / 1 msk majsmjöl, farinsocker och 15 ml / 1 msk olja. Låt vila i 30 minuter och ta sedan bort köttet från marinaden. Hetta upp den återstående oljan och stek fläsket tills det får färg. Tillsätt ingefära, vitlök och chili och fräs i 2 minuter. Tillsätt gurkorna och fräs i 2 minuter. Blanda buljongen och resterande sojasås, vin eller sherry och majsmjöl med marinaden. Tillsätt detta i pannan och låt koka upp under omrörning. Sjud under omrörning tills såsen klarnar och tjocknar och fortsätt att sjuda tills köttet är genomstekt.

Hala fläskskivor

för 4 personer

225 g/8 oz magert fläsk, skivat

2 äggvitor

15 ml / 1 matsked majsmjöl (majsstärkelse)

45 ml / 3 matskedar jordnötsolja (jordnötter)

50 g / 2 oz bambuskott, skivade

6 vårlökar (lökar), hackade

2,5 ml / ½ tsk salt

15 ml / 1 msk risvin eller torr sherry

150 ml / ¼ pt / generös ½ kopp kycklingfond

Blanda fläsket med äggvita och majsstärkelse tills det är väl täckt. Hetta upp oljan och stek fläsket tills det får lite färg, ta sedan ur pannan. Tillsätt bambuskotten och vårlöken och fräs i 2 minuter. Lägg tillbaka fläsket i pannan med salt, vin eller sherry och kycklingfond. Koka upp och koka under omrörning i 4 minuter tills fläsket är genomstekt.

Fläsk med spenat och morötter

för 4 personer

225 g/8 oz magert fläsk

2 morötter, skurna i strimlor

225 g / 8 oz spenat

45 ml / 3 matskedar jordnötsolja (jordnötter)

1 vårlök (vårlök), finhackad

15 ml/1 matsked sojasås

2,5 ml / ½ tsk salt

10 ml / 2 tsk majsmjöl (majsstärkelse)

30 ml / 2 matskedar vatten

Skiva fläsket tunt mot säden och skär sedan i strimlor. Koka morötterna i ca 3 minuter och låt dem sedan rinna av. Skär spenatbladen på mitten. Hetta upp oljan och fräs löken tills den blir genomskinlig. Tillsätt fläsket och stek tills det fått lite färg. Tillsätt morötterna och sojan och fräs i 1 minut. Tillsätt salt och spenat och fräs i cirka 30 sekunder tills den börjar mjukna. Blanda majsmjöl och vatten till en pasta, blanda med såsen och stek tills det är klart och servera direkt.

ångat fläsk

för 4 personer

450g/1lb magert fläsk, tärnad

120 ml / 4 fl oz / ½ kopp sojasås

120 ml / 4 fl oz / ½ kopp risvin eller torr sherry

15 ml/1 matsked farinsocker

Blanda alla ingredienser och lägg dem i en värmebeständig behållare. Koka på grill över kokande vatten i ca 1 1/2 timme, tills den är kokt.

stekt fläsk

för 4 personer

25 g / 1 oz torkad kinesisk svamp

15 ml/1 matsked jordnötsolja

450 g/1 lb magert fläsk, skivat

1 tärnad grön paprika

15 ml/1 matsked sojasås

15 ml / 1 msk risvin eller torr sherry

5 ml/1 tesked salt

5 ml / 1 tsk sesamolja

Blötlägg svampen i varmt vatten i 30 minuter, låt sedan rinna av. Kassera stjälkarna och skär av topparna. Hetta upp oljan och stek fläsket tills det fått lite färg. Tillsätt paprikan och stek i 1 minut. Tillsätt svamp, soja, vin eller sherry och salt och fräs några minuter tills köttet är genomstekt. Tillsätt sesamoljan innan servering.

Fläsk med sötpotatis

för 4 personer

olja för stekning

2 stora sötpotatisar, skivade

30 ml / 2 matskedar jordnötsolja

1 skiva ingefära, skivad

1 skivad lök

450g/1lb magert fläsk, tärnad

15 ml/1 matsked sojasås

2,5 ml / ½ tsk salt

nymalen peppar

250 ml / 8 fl oz / 1 kopp kycklingfond

30 ml / 2 matskedar currypulver

Hetta upp oljan och stek sötpotatisen tills den är gyllenbrun. Ta bort från pannan och låt rinna av väl. Hetta upp jordnötsoljan och fräs ingefära och lök tills de fått lite färg. Tillsätt fläsket och stek tills det fått lite färg. Tillsätt sojasås, salt och en nypa peppar, tillsätt sedan fond och curry, låt koka upp och koka under omrörning i 1 minut. Tillsätt den stekta potatisen, täck över och låt sjuda i 30 minuter tills fläsket är genomstekt.

sötsurt fläsk

för 4 personer

450g/1lb magert fläsk, tärnad

15 ml / 1 msk risvin eller torr sherry

15 ml/1 matsked jordnötsolja

5 ml / 1 tsk currypulver

1 uppvispat ägg

Salt

100 g / 4 oz majsmjöl (maizena)

olja för stekning

1 pressad vitlöksklyfta

75 g / 3 oz / ½ kopp socker

50 g / 2 oz tomatsås (ketchup)

5 ml / 1 tsk vinäger

5 ml / 1 tsk sesamolja

Blanda fläsket med vin eller sherry, olja, currypulver, ägg och lite salt. Tillsätt smeten tills fläsket är täckt med smeten. Värm oljan tills den ångar, tillsätt sedan fläsktärningarna några gånger. Stek i ca 3 minuter, låt rinna av och ställ åt sidan. Hetta upp oljan igen och stek tärningarna igen i ca 2 minuter. Ta bort och dränera. Värm vitlök, socker, tomatsås och vinäger under omrörning tills sockret löst sig. Koka upp, tillsätt sedan fläsktärningarna och blanda väl. Tillsätt sesamoljan och servera.

salt fläsk

för 4 personer

30 ml / 2 matskedar jordnötsolja

450g/1lb magert fläsk, tärnad

3 vårlökar (lökar), skivade

2 vitlöksklyftor, hackade

1 skiva ingefära, finhackad

250 ml / 8 fl oz / 1 kopp sojasås

30 ml / 2 matskedar risvin eller torr sherry

30 ml / 2 matskedar farinsocker

5 ml/1 tesked salt

600ml / 1pt / 2½ koppar vatten

Hetta upp oljan och stek fläsket tills det får färg. Häll av överflödig olja, tillsätt vårlök, vitlök och ingefära och fräs i 2 minuter. Tillsätt sojasås, vin eller sherry, socker och salt och blanda väl. Tillsätt vattnet, låt koka upp, täck och låt sjuda i 1 timme.

Fläsk med tofu

för 4 personer

450 g / 1 lb magert fläsk

45 ml / 3 matskedar jordnötsolja (jordnötter)

1 skivad lök

1 pressad vitlöksklyfta

225 g / 8 oz tofu, tärnad

375 ml / 13 fl oz / 1½ dl kycklingfond

15 ml/1 matsked farinsocker

60 ml / 4 matskedar sojasås

2,5 ml / ½ tsk salt

Lägg fläsket i en kastrull och täck med vatten. Koka upp och låt sjuda i 5 minuter. Häll av och låt svalna, skär sedan i tärningar.

Hetta upp oljan och fräs lök och vitlök tills de fått lite färg. Tillsätt fläsket och stek tills det fått lite färg. Tillsätt tofun och blanda försiktigt tills den är täckt med olja. Tillsätt fond, socker, soja och salt, låt koka upp, täck och låt sjuda i ca 40 minuter tills fläsket är mört.

stekt fläsk

för 4 personer

225 g / 8 oz fläskfilé, tärnad

1 äggvita

30 ml / 2 matskedar risvin eller torr sherry

Salt

225 g / 8 oz majsmjöl (maizena)

olja för stekning

Blanda fläsket med äggvitan, vin eller sherry och lite salt. Arbeta gradvis in tillräckligt med majsmjöl för att göra en tjock deg. Hetta upp oljan och stek fläsket tills det är gyllene och krispigt på utsidan och mört på insidan.

två gånger tillagat fläsk

för 4 personer

225 g/8 oz magert fläsk

45 ml / 3 matskedar jordnötsolja (jordnötter)

2 grön paprika, skuren i bitar

2 hackad vitlöksklyfta

2 vårlökar (lökar), skivade

15 ml / 1 matsked varm bönsås

15 ml / 1 sked kycklingsoppa

5 ml/1 tesked socker

Lägg fläsket i en kastrull, täck med vatten, låt koka upp och låt sjuda i 20 minuter tills det är genomstekt. Ta bort och låt rinna av och låt svalna. Skär i tunna skivor.

Hetta upp oljan och stek fläsket tills det fått lite färg. Tillsätt paprikan, vitlöken och vårlöken och fräs i 2 minuter. Ta bort från pannan. Tillsätt bönsåsen, fonden och sockret i pannan och koka under omrörning i 2 minuter. Häll tillbaka fläsket och paprikan och stek tills det är genomvärmt. Servera på en gång.

Fläsk med grönsaker

för 4 personer

2 vitlöksklyftor, hackade

5 ml/1 tesked salt

2,5 ml / ½ tesked nymalen peppar

30 ml / 2 matskedar jordnötsolja

30 ml / 2 matskedar sojasås

225 g / 8 oz broccolibuketter

200 g / 7 oz blomkålsbuketter

1 tärnad röd paprika

1 hackad lök

2 apelsiner, skalade och tärnade

1 bit ingefära, finhackad

30 ml / 2 matskedar majsmjöl (majsstärkelse)

300 ml / ½ pt / 1¼ kopp vatten

20 ml / 2 matskedar vinäger

15 ml / 1 sked honung

en nypa mald ingefära

2,5 ml / ½ tsk spiskummin

Mal vitlök, salt och peppar i köttet. Hetta upp oljan och stek köttet tills det får lite färg. Ta bort från pannan. Tillsätt sojasåsen och grönsakerna i pannan och fräs tills de är mjuka men fortfarande knapriga. Tillsätt apelsinerna och ingefäran. Blanda majsmjöl och vatten och rör ner i pannan med vinäger, honung, ingefära och spiskummin. Koka upp och koka under omrörning i 2 minuter. Lägg tillbaka fläsket i pannan och värm upp innan servering.

Fläsk med valnötter

för 4 personer

50 g / 2 oz / ½ kopp valnötter
225 g/8 oz magert fläsk, skivat
30 ml / 2 matskedar universalmjöl
30 ml / 2 matskedar farinsocker
30 ml / 2 matskedar sojasås
olja för stekning
15 ml/1 matsked jordnötsolja

Koka nötterna i kokande vatten i 2 minuter och låt rinna av. Blanda fläsket med mjöl, socker och 15 ml / 1 msk soja tills det är väl täckt. Hetta upp oljan och stek fläsket tills det är knaprigt och gyllene. Låt rinna av på hushållspapper. Hetta upp jordnötsolja och stek nötterna tills de är gyllenbruna. Tillsätt fläsket i pannan, strö över resten av sojasåsen och stek tills det är genomvärmt.

fläsk wontons

för 4 personer

450 g / 1 kg malet fläsk (malet)

1 vårlök (vårlök), hackad

225 g / 8 oz blandade grönsaker, hackade

30 ml / 2 matskedar sojasås

5 ml/1 tesked salt

40 wonton skinn

olja för stekning

Hetta upp en panna och fräs fläsket och vårlöken tills de fått lite färg. Ta den från värmen och tillsätt grönsakerna, sojan och saltet.

För att vika wontons, håll skinnet i vänster hand och lägg lite fyllning i mitten. Pensla kanterna med ägg och vik ihop skorpan till en triangel, försegla kanterna. Blöt hörnen med ägg och vrid.

Hetta upp oljan och stek wontonsna lite i taget tills de blir bruna. Låt rinna av väl före servering.

Fläsk med vattenkastanjer

för 4 personer

45 ml / 3 matskedar jordnötsolja (jordnötter)

1 pressad vitlöksklyfta

1 vårlök (vårlök), hackad

1 skiva ingefära, finhackad

225 g/8 oz magert fläsk, skivat

100g / 4oz vattenkastanjer, tunt skivade

45 ml / 3 matskedar sojasås

15 ml / 1 msk risvin eller torr sherry

5 ml / 1 tsk majsmjöl (majsstärkelse)

Hetta upp oljan och fräs vitlök, vårlök och ingefära tills de fått lite färg. Tillsätt fläsket och stek i 10 minuter tills det fått färg. Tillsätt vattenkastanjerna och stek i 3 minuter. Tillsätt resten av ingredienserna och stek i 3 minuter.

Fläsk och räkor Wonton

för 4 personer

225 g/8 oz malet fläsk (malt)

2 vårlökar (lökar), hackade

100 g / 4 oz blandade grönsaker, hackade

100 g hackad svamp

225 g / 8 oz skalade räkor, hackade

15 ml/1 matsked sojasås

2,5 ml / ½ tsk salt

40 wonton skinn

olja för stekning

Hetta upp en panna och fräs fläsket och vårlöken tills de fått lite färg. Blanda med resterande ingredienser.

För att vika wontons, håll skinnet i vänster hand och lägg lite fyllning i mitten. Pensla kanterna med ägg och vik ihop skorpan till en triangel, försegla kanterna. Blöt hörnen med ägg och vrid.

Hetta upp oljan och stek wontonsna lite i taget tills de blir bruna. Låt rinna av väl före servering.

ångade köttbullar

för 4 personer

2 vitlöksklyftor, hackade

2,5 ml / ½ tsk salt

450 g / 1 kg malet fläsk (malet)

1 hackad lök

1 röd paprika, hackad

1 grön paprika, hackad

2 bitar ingefära, hackad

5 ml / 1 tsk currypulver

5 ml / 1 tsk paprika

1 uppvispat ägg

45 ml / 3 matskedar majsmjöl (majsstärkelse)

50 g / 2 oz kortkornigt ris

salt och nymalen peppar

60 ml / 4 matskedar hackad gräslök

Blanda vitlök, salt, fläsk, lök, paprika, ingefära, curry och paprika. Tillsätt ägget i majsstärkelsen och risblandningen. Krydda med salt och peppar och blanda sedan med vårlöken. Forma blandningen till bollar med våta händer. Lägg dem i en ångkokare, täck över och koka över lätt kokande vatten i 20 minuter tills de är kokta.

Baby back ribs med svart bönsås

för 4 personer

900g / 2lb fläsk revbensspjäll

2 vitlöksklyftor, hackade

2 vårlökar (lökar), hackade

30 ml / 2 matskedar svart bönsås

30 ml / 2 matskedar risvin eller torr sherry

15 ml/1 matsked vatten

30 ml / 2 matskedar sojasås

15 ml / 1 matsked majsmjöl (majsstärkelse)

5 ml/1 tesked socker

120 ml / 4 fl oz ½ kopp vatten

30 ml / 2 matskedar olja

2,5 ml / ½ tsk salt

120 ml / 4 fl oz / ½ kopp kycklingfond

Skär fläskrevbenen i 2,5 cm stora bitar. Rör ner vitlök, vårlök, svartbönsås, vin eller sherry, vatten och 15 ml/1 msk sojasås. Blanda resten av sojan med majsstärkelse, socker och vatten. Hetta upp olja och salt och stek fläsk revbenen tills de fått färg. Tappa ur oljan. Tillsätt vitlöksblandningen och fräs i 2 minuter. Tillsätt fond, låt koka upp, täck över och låt sjuda i 4 minuter. Tillsätt majsmjölsblandningen och koka under omrörning tills såsen är ljus och tjocknat.

grillade revbensspjäll

för 4 personer

3 vitlöksklyftor, hackade
75 ml / 5 matskedar sojasås
60 ml / 4 matskedar hoisinsås
60 ml / 4 matskedar risvin eller torr sherry
45 ml / 3 matskedar farinsocker
30 ml / 2 msk tomatpuré (pasta)
900g / 2lb fläsk revbensspjäll
15 ml / 1 sked honung

Kombinera vitlök, sojasås, hoisinsås, vin eller sherry, farinsocker och tomatpuré, häll över revbenen, täck över och marinera över natten.

Låt revbenen rinna av och lägg dem på galler i en panna med lite vatten under. Rosta i en förvärmd ugn vid 180°C/350°F/gasmark 4 i 45 minuter, tråckla då och då med marinaden, spara 30 ml/2 msk av marinaden. Blanda den reserverade marinaden med honungen och pensla revbenen. Stek eller stek under en het grill i cirka 10 minuter.

Rostade lönnrevben

för 4 personer

900g / 2lb fläsk revbensspjäll

60 ml / 4 matskedar lönnsirap

5 ml/1 tesked salt

5 ml/1 tesked socker

45 ml / 3 matskedar sojasås

15 ml / 1 msk risvin eller torr sherry

1 pressad vitlöksklyfta

Skär revbenen i 5/2 cm bitar och lägg i en skål. Blanda alla ingredienser, tillsätt revbenen och blanda väl. Täck över och låt marinera över natten. Rosta (rosta) eller grilla på medelvärme i ca 30 minuter.

stekt fläsk revbensspjäll

för 4 personer

900g / 2lb fläsk revbensspjäll

120 ml / 4 fl oz / ½ kopp ketchup

120 ml / 4 fl oz / ½ kopp vinäger

60 ml / 4 matskedar mango chutney

45 ml / 3 matskedar risvin eller torr sherry

2 hackad vitlöksklyfta

5 ml/1 tesked salt

45 ml / 3 matskedar sojasås

30 ml / 2 skedar honung

15 ml / 1 msk milt currypulver

15 ml / 1 sked paprika

olja för stekning

60 ml / 4 matskedar hackad gräslök

Lägg revbenen i en skål. Blanda alla ingredienser utom oljan och gräslöken, häll över revbenen, täck över och låt marinera i minst 1 timme. Hetta upp oljan och stek revbenen tills de blir knapriga. Den serveras beströdd med gräslök.

Revben med purjolök

för 4 personer

450 g / 1 lb fläsk revbensspjäll

olja för stekning

250 ml / 8 fl oz / 1 kopp buljong

30 ml / 2 matskedar tomatsås (ketchup)

2,5 ml / ½ tsk salt

2,5 ml / ½ tesked socker

2 purjolök, skuren i bitar

6 vårlökar (lökar), skurna i bitar

50 g / 2 oz broccolibuketter

5 ml / 1 tsk sesamolja

Skär fläsk revbenen i 5/2 cm bitar, värm oljan och stek revbenen tills de börjar få färg. Ta bort från pannan och häll i allt utom 30 ml / 2 msk olja. Tillsätt fond, tomatsås, salt och socker, låt koka upp och låt sjuda i 1 minut. Lägg tillbaka revbenen i pannan och koka i cirka 20 minuter tills de är mjuka.

Värm under tiden ytterligare 30 ml / 2 msk olja och fräs purjolöken, vårlöken och broccolin i ca 5 minuter. Ringla över sesamolja och arrangera runt ett hett serveringsfat. Häll revbenet och såsen i mitten och servera.

Revben med svamp

Gör 4 till 6 portioner

6 torkade kinesiska svampar
900g / 2lb fläsk revbensspjäll
2 nejlikor stjärnanis
45 ml / 3 matskedar sojasås
5 ml/1 tesked salt
15 ml / 1 matsked majsmjöl (majsstärkelse)

Blötlägg svampen i varmt vatten i 30 minuter, låt sedan rinna av. Kassera stjälkarna och skär av topparna. Hacka revbenen i 5/2 cm bitar Koka upp en kastrull med vatten, lägg i revbenen och låt koka i 15 minuter. Dränera väl. Lägg tillbaka revbenen i pannan och täck med kallt vatten. Tillsätt svamp, stjärnanis, soja och salt. Koka upp, täck och låt sjuda i ca 45 minuter tills köttet är mört. Blanda majsmjölet med lite kallt vatten, släng det i pannan och koka under omrörning tills såsen klarnar och tjocknar.

Revben med apelsiner

för 4 personer

900g / 2lb fläsk revbensspjäll

5 ml / 1 tsk riven ost

5 ml / 1 tsk majsmjöl (majsstärkelse)

45 ml / 3 matskedar risvin eller torr sherry

Salt

olja för stekning

15 ml/1 matsked vatten

2,5 ml / ½ tesked socker

15 ml / 1 matsked tomatpuré (pasta)

2,5 ml / ½ tsk chilisås

rivet skal av 1 apelsin

1 skivad apelsin

Skär fläsk revbenen i bitar och blanda med ost, majsstärkelse, 5 ml/1 tsk vin eller sherry och en nypa salt. Låt marinera i 30 minuter. Hetta upp oljan och stek revbenen i ca 3 minuter tills de är gyllene. Hetta upp 15 ml/1 matsked olja i en wok, tillsätt vatten, socker, tomatpuré, chilisås, apelsinskal och resten av vinet eller sherryn och blanda på låg värme i 2 minuter. Tillsätt fläsket och rör om tills det är väl täckt. Överför till ett varmt serveringsfat och servera garnerat med apelsinskivor.

Revben av ananas

för 4 personer

900g / 2lb fläsk revbensspjäll

600ml / 1pt / 2½ koppar vatten

30 ml / 2 matskedar jordnötsolja

2 vitlöksklyftor, fint hackade

200 g / 7 oz konserverade ananasbitar i fruktjuice

120 ml / 4 fl oz / ½ kopp kycklingfond

60 ml / 4 matskedar vinäger

50 g / 2 oz / ¼ kopp farinsocker

15 ml/1 matsked sojasås

15 ml / 1 matsked majsmjöl (majsstärkelse)

3 vårlökar (lökar), hackade

Lägg fläsket och vattnet i en kastrull, låt koka upp, täck och koka i 20 minuter. Dränera väl.

Hetta upp oljan och fräs vitlöken tills den blir något gyllene. Lägg i revbenen och stek tills de är väl täckta med olja. Dränera av ananasbitarna och tillsätt 120 ml / 4 fl oz / ½ kopp av juicen i pannan med fond, vinäger, socker och sojasås. Koka upp, täck och låt sjuda i 10 minuter. Tillsätt den avrunna ananasen. Blanda majsmjölet med lite vatten, rör ner i såsen och koka under omrörning tills såsen klarnar och tjocknar. Den serveras beströdd med gräslök.

Krispiga räkor

för 4 personer

900g / 2lb fläsk revbensspjäll

450 g / 1 kilo skalade räkor

5 ml/1 tesked socker

salt och nymalen peppar

30 ml / 2 matskedar universalmjöl

1 ägg, lätt uppvispat

100 g / 4 oz brödsmulor

olja för stekning

Skär fläsk revbenen i 5/2 cm bitar, skär bort lite av köttet och krydda med räkor, socker, salt och peppar. Tillsätt tillräckligt med mjöl och ägg för att göra blandningen klibbig. Tryck runt bitarna av fläsk och strö över ströbröd. Hetta upp oljan och stek revbenen tills de stiger upp till ytan. Låt rinna av väl och servera varmt.

Revben med risvin

för 4 personer

900g / 2lb fläsk revbensspjäll

450 ml / ¾ pt / 2 koppar vatten

60 ml / 4 matskedar sojasås

5 ml/1 tesked salt

30 ml / 2 matskedar risvin

5 ml/1 tesked socker

Skär revbenen i 2,5 cm stora bitar. Lägg i en kastrull med vatten, soja och salt, låt koka upp, täck över och koka på låg värme i 1 timme. Dränera väl. Hetta upp en panna och tillsätt revbenen, risvinet och sockret. Stek på hög värme tills vätskan har avdunstat.

Revben med sesamfrön

för 4 personer

900g / 2lb fläsk revbensspjäll

1 ägg

30 ml / 2 matskedar universalmjöl

5 ml / 1 tsk potatismjöl

45 ml / 3 matskedar vatten

olja för stekning

30 ml / 2 matskedar jordnötsolja

30 ml / 2 matskedar tomatsås (ketchup)

30 ml / 2 matskedar farinsocker

10 ml / 2 teskedar vinäger

45 ml / 3 matskedar sesamfrön

4 salladsblad

Skär revbenen i 10/4 cm bitar och lägg i en skål. Blanda ägget med mjöl, potatismjöl och vatten, lägg i revbenen och låt vila i 4 timmar.

Hetta upp oljan och stek revbenen tills de är bruna, ta bort och låt rinna av. Hetta upp oljan och fräs tomatsås, farinsocker, vinäger i några minuter. Tillsätt fläsk revbenen och fräs tills det är helt täckt. Strö över sesamfrön och stek i 1 minut. Lägg salladsblad på ett hett serveringsfat, toppa med revben och servera.

Söta och mjuka revben

för 4 personer

900g / 2lb fläsk revbensspjäll

600ml / 1pt / 2½ koppar vatten

30 ml / 2 matskedar jordnötsolja

2 vitlöksklyftor, hackade

5 ml/1 tesked salt

100 g / 4 oz / ½ kopp farinsocker

75 ml / 5 msk kycklingfond

60 ml / 4 matskedar vinäger

100 g/4 oz ananasbitar konserverade i sirap

15 ml / 1 matsked tomatpuré (pasta)

15 ml/1 matsked sojasås

15 ml / 1 matsked majsmjöl (majsstärkelse)

30 ml / 2 matskedar torkad kokos

Lägg fläsket och vattnet i en kastrull, låt koka upp, täck och koka i 20 minuter. Dränera väl.

Hetta upp oljan och stek revbenen med vitlök och salt tills de är bruna. Tillsätt socker, fond och vinäger och låt koka upp. Häll av ananasen och tillsätt 30 ml/2 msk sirap i pannan med tomatpuré, soja och majsstärkelse. Blanda väl och koka under omrörning tills såsen är klar och tjock. Tillsätt ananasen, låt koka i 3 minuter och servera beströdd med kokos.

Sauterade revbensspjäll

för 4 personer

900g / 2lb fläsk revbensspjäll

1 uppvispat ägg

5 ml / 1 tsk sojasås

5 ml/1 tesked salt

10 ml / 2 tsk majsmjöl (majsstärkelse)

10 ml / 2 teskedar socker

60 ml / 4 matskedar jordnötsolja

250 ml / 8 fl oz / 1 kopp vinäger

250 ml / 8 fl oz / 1 kopp vatten

250 ml / 8 fl oz / 1 kopp risvin eller torr sherry

Lägg revbenen i en skål. Blanda ägget med sojasås, salt, hälften av majsstärkelsen och hälften av sockret, lägg i revbenen och blanda väl. Hetta upp oljan och stek revbenen tills de är bruna. Tillsätt resten av ingredienserna, låt koka upp och låt puttra tills vätskan nästan har avdunstat.

Revben med tomater

för 4 personer

900g / 2lb fläsk revbensspjäll

75 ml / 5 matskedar sojasås

30 ml / 2 matskedar risvin eller torr sherry

2 vispade ägg

45 ml / 3 matskedar majsmjöl (majsstärkelse)

olja för stekning

45 ml / 3 matskedar jordnötsolja (jordnötter)

1 lök, finhackad

250 ml / 8 fl oz / 1 kopp kycklingfond

60 ml / 4 matskedar tomatsås (ketchup)

10 ml / 2 matskedar farinsocker

Skär fläskrevbenen i 2,5 cm stora bitar. Rör ner 60 ml / 4 msk sojasås och vinet eller sherryn och marinera i 1 timme, rör om då och då. Häll av, släng marinaden. Pensla revbenen med ägg och sedan med majsmjöl. Hetta upp oljan och stek revbenen, lite i taget, tills de är bruna. Dränera väl. Hetta upp jordnötsolja och fräs löken tills den är genomskinlig. Tillsätt fonden, återstående sojasås, tomatsås och farinsocker och koka i 1 minut under omrörning. Tillsätt revbenen och låt sjuda i 10 minuter.

grillat fläsk

Gör 4 till 6 portioner

1,25 kg / 3 lb benfri fläskaxel

2 vitlöksklyftor, hackade

2 vårlökar (lökar), hackade

250 ml / 8 fl oz / 1 kopp sojasås

120 ml / 4 fl oz / ½ kopp risvin eller torr sherry

100 g / 4 oz / ½ kopp farinsocker

5 ml/1 tesked salt

Lägg fläsket i en skål. Blanda resten av ingredienserna, häll över fläsket, täck över och låt marinera i 3 timmar. Överför fläsket och marinaden till en långpanna och stek i en förvärmd ugn vid 200°C/400°F/gasmark 6 i 10 minuter. Sänk temperaturen till 160°C/325°F/gasmarkering 3 i 1¾ timmar tills fläsket är tillagat.

Kall fläsk med senap

för 4 personer

1 kg / 2 lb benfri fläskstek

250 ml / 8 fl oz / 1 kopp sojasås

120 ml / 4 fl oz / ½ kopp risvin eller torr sherry

100 g / 4 oz / ½ kopp farinsocker

3 vårlökar (lökar), hackade

5 ml/1 tesked salt

30 ml / 2 matskedar senapspulver

Lägg fläsket i en skål. Blanda alla övriga ingredienser utom senap och häll över fläsket. Låt marinera i minst 2 timmar, tråckla ofta. Klä en bricka med aluminiumfolie och lägg fläsket på ett galler i plåten. Rosta i en förvärmd ugn vid 200°C/400°F/gas 6 i 10 minuter, sänk sedan temperaturen till 160°C/325°F/gas 3 i ytterligare 1¾ timmar tills fläsket är mört. Låt det svalna och ställ sedan i kylen. Skär i mycket tunna skivor. Blanda senapspulvret med tillräckligt med vatten för att göra en krämig pasta att servera med fläsket.

Kinesiskt stekt fläsk

för 6

1,25 kg / 3 lb fläsk, tjockt skivad

2 vitlöksklyftor, fint hackade

30 ml / 2 matskedar risvin eller torr sherry

15 ml/1 matsked farinsocker

15 ml / 1 sked honung

90 ml / 6 matskedar sojasås

2,5 ml / ½ tesked femkryddspulver

Lägg fläsket i en grund form. Blanda resterande ingredienser, häll över fläsket, täck över och marinera i kylen över natten, vänd och tråckla då och då.

Lägg fläskskivorna på ett galler i en kastrull fylld med lite vatten och strö över marinaden ordentligt. Rosta i en förvärmd ugn till 180°C/350°F/gasmark 5 i cirka 1 timme, tråckla då och då tills fläsket är genomstekt.

Fläsk med spenat

Serveras från 6 till 8

30 ml / 2 matskedar jordnötsolja
1,25 kg / 3 lb sidfläsk
250 ml / 8 fl oz / 1 kopp kycklingfond
15 ml/1 matsked farinsocker
60 ml / 4 matskedar sojasås
900 g / 2 lb spenat

Hetta upp oljan och bryn fläsket på alla sidor. Tar bort det mesta av fettet. Tillsätt fond, socker och soja, låt koka upp, täck och låt sjuda i ca 2 timmar tills fläsket är genomstekt. Ta bort köttet från pannan och låt det svalna något och skiva det sedan. Tillsätt spenaten i kastrullen och koka på låg värme, rör försiktigt, tills den är mjuk. Låt spenaten rinna av och lägg på en varm serveringsfat. Toppa med fläskskivorna och servera.

stekta fläskbollar

för 4 personer

450 g / 1 kg malet fläsk (malet)

1 skiva ingefära, finhackad

15 ml / 1 matsked majsmjöl (majsstärkelse)

15 ml/1 matsked vatten

2,5 ml / ½ tsk salt

10 ml / 2 matskedar sojasås

olja för stekning

Rör ner fläsket och ingefäran. Blanda majsmjöl, vatten, salt och soja, tillsätt sedan blandningen till fläsket och blanda väl. Forma valnötsstora bollar. Hetta upp oljan och stek köttbullarna tills de stiger upp till oljans yta. Ta bort från oljan och värm upp igen. Lägg tillbaka fläsket i pannan och stek i 1 minut. Dränera väl.

Fläsk och räkor äggrullar

för 4 personer

30 ml / 2 matskedar jordnötsolja

225 g/8 oz malet fläsk (malt)

225 g / 8 oz räkor

100 g / 4 oz kinesiska blad, rivna

100 g / 4 oz bambuskott, skurna i strimlor

100 g / 4 oz vattenkastanjer, skurna i strimlor

10 ml / 2 matskedar sojasås

5 ml/1 tesked salt

5 ml/1 tesked socker

3 vårlökar (lökar), fint hackade

8 äggrulleskal

olja för stekning

Hetta upp oljan och stek fläsket tills det tjocknat. Tillsätt räkorna och stek i 1 minut. Tillsätt kinesiska blad, bambuskott, vattenkastanjer, sojasås, salt och socker och fräs i 1 minut, täck sedan och låt sjuda i 5 minuter. Tillsätt vårlöken, häll i ett durkslag och låt rinna av.

Lägg några skedar av fyllningsblandningen i mitten av varje äggrulle, vik in botten, vik in sidorna och rulla sedan ihop fyllningen. Täta kanten med lite av mjöl- och vattenblandningen och låt torka i 30 minuter. Hetta upp oljan och stek äggrullarna i ca 10 minuter tills de blir krispiga och gyllene. Låt rinna av väl före servering.

Ångad fläskfärs

för 4 personer

450 g / 1 kg malet fläsk (malet)

5 ml / 1 tsk majsmjöl (majsstärkelse)

2,5 ml / ½ tsk salt

10 ml / 2 matskedar sojasås

Blanda fläsket med resten av ingredienserna och bred ut blandningen i en ugnssäker form. Lägg i en ångkokare över kokande vatten och ånga i ca 30 minuter tills den är genomstekt. Den serveras varm.

Stekt fläsk med krabbakött

för 4 personer

225 g / 8 oz flingad krabbkött
100 g hackad svamp
100 g / 4 oz bambuskott, hackade
5 ml / 1 tsk majsmjöl (majsstärkelse)
2,5 ml / ½ tsk salt
225 g / 8 oz kokt fläsk, skivat
1 äggvita, lätt vispad
olja för stekning
15 ml / 1 matsked hackad färsk plattbladig persilja

Blanda krabbkött, svamp, bambuskott, det mesta av majsmjölet och salt. Skär köttet i 5 cm fyrkanter. Gör smörgåsar med krabbaköttsblandningen. Täck med äggvitan. Hetta upp oljan och stek smörgåsarna lite i taget tills de är gyllenbruna. Dränera väl. Den serveras beströdd med persilja.

Fläsk med böngroddar

för 4 personer

30 ml / 2 matskedar jordnötsolja

2,5 ml / ½ tsk salt

2 vitloksklyftor, hackade

450 g / 1 lb böngroddar

225 g / 8 oz kokt fläsk, tärnad

120 ml / 4 fl oz / ½ kopp kycklingfond

15 ml/1 matsked sojasås

15 ml / 1 msk risvin eller torr sherry

5 ml/1 tesked socker

15 ml / 1 matsked majsmjöl (majsstärkelse)

2,5 ml / ½ tsk sesamolja

3 vårlökar (lökar), hackade

Hetta upp oljan och fräs salt och vitlök tills de fått lite färg. Tillsätt böngroddar och fläsket och fräs i 2 minuter. Tillsätt hälften av fonden, låt koka upp, täck över och låt sjuda i 3 minuter. Blanda den återstående buljongen med resten av ingredienserna, rör ner i pannan, låt koka upp och koka i 4 minuter under omrörning. Den serveras beströdd med gräslök.

Enkel kycklingpuré

för 4 personer

1 kycklingbröst, tunt skivad

2 skivor ingefära, hackad

2 vårlökar (lökar), hackade

15 ml / 1 matsked majsmjöl (majsstärkelse)

15 ml / 1 msk risvin eller torr sherry

30 ml / 2 matskedar vatten

2,5 ml / ½ tsk salt

45 ml / 3 matskedar jordnötsolja (jordnötter)

100 g / 4 oz bambuskott, skivade

100 g / 4 oz svamp, skivad

100 g / 4 oz böngroddar

15 ml/1 matsked sojasås

5 ml/1 tesked socker

120 ml / 4 fl oz / ½ kopp kycklingfond

Lägg kycklingen i en skål. Blanda ingefära, vårlök, majsstärkelse, vin eller sherry, vatten och salt, tillsätt kycklingen och låt stå i 1 timme. Hetta upp hälften av oljan och stek kycklingen tills den fått lite färg, ta sedan ur pannan. Hetta upp den återstående oljan och stek bambuskott, svamp och böngroddar i 4 minuter. Tillsätt sojasås, socker och fond, låt koka upp, täck och låt sjuda i 5 minuter tills grönsakerna är mjuka. Lägg tillbaka kycklingen i pannan, rör om väl och värm upp försiktigt innan servering.

Kyckling i tomatsås

för 4 personer

30 ml / 2 matskedar jordnötsolja
5 ml/1 tesked salt
2 vitlöksklyftor, hackade
450 g / 1 lb tärnad kyckling
300 ml / ½ pt / 1¼ koppar kycklingsoppa
120 ml / 4 fl oz / ½ kopp ketchup
15 ml / 1 matsked majsmjöl (majsstärkelse)
4 vårlökar (salladslökar), skivade

Hetta upp oljan med salt och vitlök tills vitlöken blir något gyllene. Tillsätt kycklingen och stek tills den fått lätt färg. Tillsätt det mesta av fonden, låt koka upp, täck och låt sjuda i cirka 15 minuter tills kycklingen är mör. Blanda resten av buljongen med tomatsås och majs och blanda i pannan. Sjud under omrörning tills såsen tjocknar och blir klar. Om såsen är för tunn, låt den puttra lite tills den minskar. Tillsätt vårlöken och koka i 2 minuter innan servering.

Kyckling med tomater

för 4 personer

225 g / 8 oz kyckling, tärnad

15 ml / 1 matsked majsmjöl (majsstärkelse)

15 ml/1 matsked sojasås

15 ml / 1 msk risvin eller torr sherry

45 ml / 3 matskedar jordnötsolja (jordnötter)

1 tärnad lök

60 ml / 4 msk kycklingfond

5 ml/1 tesked salt

5 ml/1 tesked socker

2 tomater, skalade och tärnade

Blanda kycklingen med maizena, soja och vin eller sherry och låt vila i 30 minuter. Hetta upp oljan och stek kycklingen tills den får färg. Tillsätt löken och fräs tills den är mjuk. Tillsätt buljong, salt och socker, låt koka upp och rör försiktigt på svag värme tills kycklingen är genomstekt. Tillsätt tomaterna och rör om tills de är genomvärmda.

Pocherad kyckling med tomater

för 4 personer

4 portioner kyckling

4 tomater, skalade och delade i fjärdedelar

15 ml / 1 msk risvin eller torr sherry
15 ml/1 matsked jordnötsolja
Salt

Lägg kycklingen i en kastrull och täck med kallt vatten. Koka upp, täck och låt sjuda i 20 minuter. Tillsätt tomater, vin eller sherry, olja och salt, täck över och låt sjuda i ytterligare 10 minuter tills kycklingen är genomstekt. Lägg kycklingen på en uppvärmd tallrik och skär i bitar. Värm såsen igen och häll över kycklingen till servering.

Kyckling och tomater med svartbönsås

för 4 personer

45 ml / 3 matskedar jordnötsolja (jordnötter)
1 pressad vitlöksklyfta

45 ml / 3 matskedar svart bönsås

225 g / 8 oz kyckling, tärnad

15 ml / 1 msk risvin eller torr sherry

5 ml/1 tesked socker

15 ml/1 matsked sojasås

90 ml / 6 msk kycklingfond

3 tomater, skalade och delade i fjärdedelar

10 ml / 2 tsk majsmjöl (majsstärkelse)

45 ml / 3 matskedar vatten

Hetta upp oljan och fräs vitlöken i 30 sekunder. Tillsätt den svarta bönsåsen och fräs i 30 sekunder, tillsätt sedan kycklingen och rör om tills den är väl täckt med olja. Tillsätt vin eller sherry, socker, sojasås och fond, låt koka upp, täck och låt sjuda i ca 5 minuter tills kycklingen är genomstekt. Blanda majsmjöl och vatten till en pasta, blanda ner det i pannan och koka under omrörning tills såsen klarnar och tjocknar.

Snabblagad kyckling med grönsaker

för 4 personer

1 äggvita

50 g / 2 oz majsmjöl (maizena)

225 g / 8 oz kycklingbröst, skuren i strimlor
75 ml / 5 matskedar jordnötsolja (jordnötter)
200g / 7oz bambuskott, skurna i strimlor
50 g / 2 oz böngroddar
1 grön paprika skuren i strimlor
3 vårlökar (lökar), skivade
1 skiva ingefära, finhackad
1 klyfta finhackad vitlök
15 ml / 1 msk risvin eller torr sherry

Vispa äggvitan och maizena och doppa kycklingstrimlorna i blandningen. Hetta upp oljan tills den är lagom varm och stek kycklingen i några minuter tills den är genomstekt. Ta bort från pannan och låt rinna av väl. Tillsätt bambuskott, böngroddar, paprika, lök, ingefära och vitlök i pannan och fräs i 3 minuter. Tillsätt vinet eller sherryn och lägg tillbaka kycklingen i pannan. Blanda väl och värm innan servering.

kyckling med nötter

för 4 personer

45 ml / 3 matskedar jordnötsolja (jordnötter)
2 vårlökar (lökar), hackade
1 skiva ingefära, finhackad

450g / 1lb kycklingbröst, skivad mycket tunt

50 g / 2 oz skinka, strimlad

30 ml / 2 matskedar sojasås

30 ml / 2 matskedar risvin eller torr sherry

5 ml/1 tesked socker

5 ml/1 tesked salt

100 g / 4 oz / 1 kopp valnötter, hackade

Hetta upp oljan och fräs löken och ingefäran i 1 minut. Tillsätt kycklingen och skinkan och stek i 5 minuter tills de nästan är genomstekta. Tillsätt sojasås, vin eller sherry, socker och salt och fräs i 3 minuter. Tillsätt valnötterna och stek i 1 minut tills ingredienserna är väl blandade.

Kyckling med valnötter

för 4 personer

100 g / 4 oz / 1 kopp skalade valnötter, halverade

olja för stekning

45 ml / 3 matskedar jordnötsolja (jordnötter)

2 skivor ingefära, hackad

225 g / 8 oz kyckling, tärnad

100 g / 4 oz bambuskott, skivade

75 ml / 5 msk kycklingfond

Förbered nötterna, hetta upp oljan och stek nötterna gyllene och låt rinna av väl. Hetta upp jordnötsoljan och fräs ingefäran i 30 sekunder. Tillsätt kycklingen och stek tills den fått lätt färg. Tillsätt de återstående ingredienserna, låt koka upp och koka under omrörning tills kycklingen är genomstekt.

Kyckling med vattenkastanjer

för 4 personer

45 ml / 3 matskedar jordnötsolja (jordnötter)

2 vitlöksklyftor, hackade

2 vårlökar (lökar), hackade

1 skiva ingefära, finhackad

225 g / 8 oz kycklingbröst, skuren i skivor

100g / 4oz vattenkastanjer, skivade
45 ml / 3 matskedar sojasås
15 ml / 1 msk risvin eller torr sherry
5 ml / 1 tsk majsmjöl (majsstärkelse)

Hetta upp oljan och fräs vitlök, vårlök och ingefära tills de fått lite färg. Tillsätt kycklingen och stek i 5 minuter. Tillsätt vattenkastanjerna och stek i 3 minuter. Tillsätt sojasås, vin eller sherry och majsmjöl och fräs i cirka 5 minuter tills kycklingen är genomstekt.

Saltad kyckling med vattenkastanjer

för 4 personer

30 ml / 2 matskedar jordnötsolja
4 bitar kyckling
3 vårlökar (lökar), hackade
2 vitlöksklyftor, hackade
1 skiva ingefära, finhackad
250 ml / 8 fl oz / 1 kopp sojasås

30 ml / 2 matskedar risvin eller torr sherry

30 ml / 2 matskedar farinsocker

5 ml/1 tesked salt

375 ml / 13 fl oz / 1¼ koppar vatten

225 g / 8 oz vattenkastanjer, skivade

15 ml / 1 matsked majsmjöl (majsstärkelse)

Hetta upp oljan och stek kycklingbitarna tills de är gyllene. Tillsätt vårlök, vitlök och ingefära och fräs i 2 minuter. Tillsätt sojasås, vin eller sherry, socker och salt och blanda väl. Tillsätt vattnet och låt koka upp, täck och låt sjuda i 20 minuter. Tillsätt vattenkastanjerna, täck över och låt sjuda i ytterligare 20 minuter. Blanda majsmjölet med lite vatten, rör ner i såsen och koka under omrörning tills såsen klarnar och tjocknar.

kyckling wonton

för 4 personer

4 torkade kinesiska svampar
450 g / 1 lb kycklingbröst, malet
225 g / 8 oz blandade grönsaker, hackade
1 vårlök (vårlök), hackad
15 ml/1 matsked sojasås
2,5 ml / ½ tsk salt
40 wonton skinn
1 uppvispat ägg

Blötlägg svampen i varmt vatten i 30 minuter, låt sedan rinna av. Kassera stjälkarna och skär av topparna. Blanda med kyckling, grönsaker, soja och salt.

För att vika wontons, håll skinnet i vänster hand och lägg lite fyllning i mitten. Pensla kanterna med ägg och vik ihop skorpan till en triangel, försegla kanterna. Blöt hörnen med ägg och vrid.

Koka upp en kastrull med vatten. Tillsätt wontons och koka i cirka 10 minuter tills de flyter upp till toppen.

krispiga kycklingvingar

för 4 personer

900 g / 2 lb kycklingvingar

60 ml / 4 matskedar risvin eller torr sherry

60 ml / 4 matskedar sojasås

50 g / 2 oz / ½ kopp majsmjöl (maizena)

jordnötsolja för stekning

Lägg kycklingvingarna i en skål. Blanda resten av ingredienserna och häll över kycklingvingarna, blanda väl för att täcka dem med såsen. Täck och låt sitta i 30 minuter. Hetta upp oljan och stek kycklingen lite i taget tills den är genomstekt och mörkbrun. Låt rinna av väl på hushållspapper och håll varmt medan du steker resterande kyckling.

Five Spice Chicken Wings

för 4 personer

30 ml / 2 matskedar jordnötsolja
2 vitlöksklyftor, hackade
450 g / 1 kilo kycklingvingar
250 ml / 8 fl oz / 1 kopp kycklingfond
30 ml / 2 matskedar sojasås
5 ml/1 tesked socker
5 ml / 1 tesked fem kryddor pulver

Hetta upp olja och vitlök tills vitlöken är lätt brynt. Tillsätt kycklingen och stek tills den fått lätt färg. Tillsätt resten av ingredienserna, blanda väl och låt koka upp. Täck över och låt sjuda i cirka 15 minuter tills kycklingen är genomstekt. Ta av locket och fortsätt att koka på låg värme, rör om då och då, tills nästan all vätska har avdunstat. Servera varm eller kall.

Marinerade kycklingvingar

för 4 personer

45 ml / 3 matskedar sojasås

45 ml / 3 matskedar risvin eller torr sherry

30 ml / 2 matskedar farinsocker

5 ml / 1 tsk riven ingefärarot

2 vitloksklyftor, hackade

6 vårlökar (lökar), skivade

450 g / 1 kilo kycklingvingar

30 ml / 2 matskedar jordnötsolja

225 g / 8 oz bambuskott, skivade

20 ml / 4 teskedar majsmjöl (majsstärkelse)

175 ml / 6 fl oz / ¾ kopp kycklingfond

Rör ner soja, vin eller sherry, socker, ingefära, vitlök och vårlök. Tillsätt kycklingvingarna och rör om så att de blir helt täckta. Täck över och låt stå i 1 timme, rör om då och då. Hetta upp oljan och stek bambuskotten i 2 minuter. Ta bort dem från pannan. Låt kycklingen och löken rinna av, spara marinaden. Hetta upp oljan igen och stek kycklingen tills den fått färg på alla sidor. Täck över och koka i ytterligare 20 minuter tills kycklingen är mör. Blanda majsstärkelse med fond och reserverad marinad. Häll över kycklingen och koka under omrörning tills såsen tjocknar. Tillsätt bambuskotten och koka under omrörning i ytterligare 2 minuter.

Kungliga kycklingvingar

för 4 personer

12 kycklingvingar

250 ml / 8 fl oz / 1 kopp jordnötsolja (jordnötter)

15 ml/1 matsked strösocker

2 vårlökar (lökar), skurna i bitar

5 skivor ingefärarot

5 ml/1 tesked salt

45 ml / 3 matskedar sojasås

250 ml / 8 fl oz / 1 kopp risvin eller torr sherry

250 ml / 8 fl oz / 1 kopp kycklingfond

10 skivor bambuskott

15 ml / 1 matsked majsmjöl (majsstärkelse)

15 ml/1 matsked vatten

2,5 ml / ½ tsk sesamolja

Koka kycklingvingarna i kokande vatten i 5 minuter och låt rinna av väl. Hetta upp oljan, tillsätt sockret och blanda tills det smält och blir gyllene. Tillsätt kyckling, vårlök, ingefära, salt, soja, vin och fond, låt koka upp och låt sjuda i 20 minuter. Tillsätt bambuskotten och koka i 2 minuter eller tills vätskan nästan har avdunstat. Blanda majsmjölet med vattnet, blanda ner det i pannan och blanda tills det blir tjockt. Lägg kycklingvingarna på en het serveringsfat och servera beströdd med sesamolja.

Kryddade kycklingvingar

för 4 personer

30 ml / 2 matskedar jordnötsolja

5 ml/1 tesked salt

2 vitloksklyftor, hackade

900 g / 2 lb kycklingvingar

30 ml / 2 matskedar risvin eller torr sherry

30 ml / 2 matskedar sojasås

30 ml / 2 msk tomatpuré (pasta)

15 ml / 1 msk Worcestershiresås

Hetta upp olja, salt och vitlök och fräs tills vitlöken blir något gyllene. Lägg i kycklingvingarna och stek under omrörning ofta i cirka 10 minuter tills de fått färg och nästan genomstekt. Tillsätt resterande ingredienser och stek i ca 5 minuter tills kycklingen är knaprig och genomstekt.

grillade kycklinglår

för 4 personer

16 kycklinglår

30 ml / 2 matskedar risvin eller torr sherry

30 ml / 2 matskedar vinäger

30 ml / 2 matskedar olivolja

salt och nymalen peppar

120 ml / 4 fl oz / ½ kopp apelsinjuice

30 ml / 2 matskedar sojasås

30 ml / 2 skedar honung

15 ml/1 matsked citronsaft

2 skivor ingefära, hackad

120 ml / 4 fl oz / ½ kopp chilisås

Blanda alla ingredienser utom chilisåsen, täck över och låt marinera i kylen över natten. Ta bort kycklingen från marinaden och grilla eller stek i cirka 25 minuter, vänd och pensla med chilisåsen medan den tillagas.

Hoisin kycklinglår

för 4 personer

8 kycklinglår

600 ml / 1 pct / 2½ dl kycklingsoppa

salt och nymalen peppar

250 ml / 8 fl oz / 1 kopp hoisinsås

30 ml / 2 matskedar universalmjöl

2 vispade ägg

100 g / 4 oz / 1 kopp ströbröd

olja för stekning

Lägg köttbullarna och fonden i en kastrull, låt koka upp, täck och låt sjuda i 20 minuter tills de är genomstekta. Ta ut kycklingen från pannan och torka torrt med hushållspapper. Lägg kycklingen i en skål och smaka av med salt och peppar. Häll över hoisinsåsen och låt marinera i 1 timme. Tömma. Doppa kycklingen i mjöl, pensla sedan med ägg och ströbröd och sedan igen med ägg och ströbröd. Hetta upp oljan och stek kycklingen i ca 5 minuter tills den fått färg. Låt rinna av på hushållspapper och servera varm eller kall.

kokt kyckling

Gör 4 till 6 portioner

75 ml / 5 matskedar jordnötsolja (jordnötter)

1 kyckling

3 vårlökar (lökar), skivade

3 skivor ingefärarot

120 ml / 4 fl oz / ½ kopp sojasås

30 ml / 2 matskedar risvin eller torr sherry

5 ml/1 tesked socker

Hetta upp oljan och stek kycklingen tills den fått färg. Tillsätt vårlök, ingefära, soja och vin eller sherry och låt koka upp. Täck över och låt sjuda i 30 minuter, vänd då och då. Tillsätt sockret, täck och låt sjuda i ytterligare 30 minuter tills kycklingen är genomstekt.

krispig stekt kyckling

för 4 personer

1 kyckling

Salt

30 ml / 2 matskedar risvin eller torr sherry

3 te(er), skuren i tärningar

1 skiva ingefärarot

30 ml / 2 matskedar sojasås

30 ml / 2 matskedar socker

5 ml / 1 tsk hela kryddnejlika

5 ml/1 tesked salt

5 ml / 1 tsk pepparkorn

150 ml / ¼ pt / generös ½ kopp kycklingfond

olja för stekning

1 grön sallad, hackad

4 tomater, skivade

½ gurka, skivad

Gnid in kycklingen med salt och låt vila i 3 timmar. Skölj och lägg i en skål. Tillsätt vin eller sherry, ingefära, sojasås, socker, kryddnejlika, salt, pepparkorn och fond och blanda väl. Lägg skålen i en ångkokare, täck över och ånga i ca 2 ¼ timmar tills kycklingen är genomstekt. Tömma. Hetta upp oljan tills den ryker, tillsätt sedan kycklingen och stek tills den är brun. Stek i ytterligare 5 minuter, ta ur oljan och låt rinna av. Skär i bitar och lägg på ett varmt serveringsfat. Garnera med sallad, tomat och gurka och servera med en salt- och peppardressing.

Hel stekt kyckling

För 5 portioner

1 kyckling

10 ml/2 tsk salt

15 ml / 1 msk risvin eller torr sherry

2 te (kannor), halverade

3 skivor ingefära, skuren i strimlor

olja för stekning

Klappa kycklingen torr och gnugga skinnet med salt och vin eller sherry. Lägg vårlök och ingefära i hålet. Häng kycklingen att torka på en sval plats i ca 3 timmar. Hetta upp oljan och lägg kycklingen i en stekpanna. Lägg försiktigt i oljan och tråckla kontinuerligt inifrån och ut tills kycklingen är lätt brynt. Ta bort från oljan och låt svalna något medan du återuppvärmer oljan. Stek igen tills de fått färg. Låt rinna av väl och skär sedan bitarna.

Five Spice Chicken

Gör 4 till 6 portioner

1 kyckling

120 ml / 4 fl oz / ½ kopp sojasås

2,5 cm / 1 tum ingefära rot, finhackad

1 pressad vitlöksklyfta

15 ml / 1 matsked five spice pulver

30 ml / 2 matskedar risvin eller torr sherry

30 ml / 2 skedar honung

2,5 ml / ½ tsk sesamolja

olja för stekning

30 ml / 2 matskedar salt

5 ml / 1 tsk nymalen peppar

Lägg kycklingen i en stor kastrull och fyll halvvägs upp på låret med vatten. Spara 15 ml/1 msk sojasås och tillsätt resten i pannan med ingefära, vitlök och hälften av femkryddspulvret. Koka upp, täck och låt sjuda i 5 minuter. Stäng av värmen och låt kycklingen stå i vattnet tills vattnet är ljummet. Tömma.

Skär kycklingen på mitten på längden och lägg med snittsidan nedåt i en kastrull. Blanda den återstående sojasåsen och femkryddspulvret med vin eller sherry, honung och sesamolja.

Gnid blandningen över kycklingen och låt stå i 2 timmar, pensla då och då med blandningen. Hetta upp oljan och stek kycklinghalvorna i cirka 15 minuter tills de fått färg och genomstekt. Låt rinna av på hushållspapper och skär i bitar.

Krydda under tiden med salt och peppar och värm i torr panna i ca 2 minuter. Servera som sås till kycklingen.

Kyckling med ingefära och gräslök

för 4 personer

1 kyckling

2 skivor ingefärsrot, skuren i strimlor

salt och nymalen peppar

90 ml / 4 matskedar jordnötsolja (jordnötter)

8 vårlökar (lökar), fint hackade

10 ml / 2 matskedar vitvinsvinäger

5 ml / 1 tsk sojasås

Lägg kycklingen i en stor kastrull, tillsätt hälften av ingefäran och häll i tillräckligt med vatten för att nästan täcka kycklingen. Krydda med salt och peppar. Koka upp, täck och låt sjuda i ca 1¼ timme tills de är mjuka. Låt kycklingen ligga i buljongen tills den svalnat. Låt kycklingen rinna av och ställ i kylen tills den är kall. Skär i serveringsbitar.

Riv resterande ingefära och blanda med olja, vårlök, vinäger och soja samt salta och peppra. Kyl i 1 timme. Lägg kycklingbitarna i serveringsskålen och häll över ingefärsdressingen. Servera med ångkokt ris.

pocherad kyckling

för 4 personer

1 kyckling
1,2 l / 2 poäng / 5 dl kycklingsoppa eller vatten
30 ml / 2 matskedar risvin eller torr sherry
4 vårlökar (lökar), hackade
1 skiva ingefärarot
5 ml/1 tesked salt

Lägg kycklingen i en stor kastrull med alla övriga ingredienser. Buljongen eller vattnet ska komma upp till mitten av låret. Koka upp, täck och låt sjuda i ca 1 timme tills kycklingen är genomstekt. Häll av, reservera buljongen för soppor.

Röd kokt kyckling

för 4 personer

1 kyckling

250 ml / 8 fl oz / 1 kopp sojasås

Lägg kycklingen i en kastrull, häll över sojasåsen och fyll med vatten nästan så att den täcker kycklingen. Koka upp, täck och låt sjuda i ca 1 timme tills kycklingen är genomstekt, vänd då och då.

Kyckling med kryddor tillagad i rött

för 4 personer

2 skivor ingefärarot

2 vårlökar (lökar)

1 kyckling

3 stjärnanisnejlika

½ kanelstång

15 ml / 1 msk Sichuan pepparkorn

75 ml / 5 matskedar sojasås

75 ml / 5 matskedar risvin eller torr sherry

75 ml / 5 matskedar sesamolja

15 ml/1 matsked socker

Lägg ingefäran och vårlöken i kycklingens hålrum och lägg kycklingen i en kastrull. Bind stjärnanis, kanel och pepparkorn i en bit muslin och lägg i pannan. Häll över sojasås, vin eller sherry och sesamolja. Koka upp, täck och låt sjuda i ca 45 minuter. Tillsätt sockret, lock och låt sjuda i ytterligare 10 minuter tills kycklingen är genomstekt.

sesamstekt kyckling

för 4 personer

50g / 2oz sesamfrön

1 finhackad lök

2 hackad vitlöksklyfta

10 ml/2 tsk salt

1 torkad röd chili, krossad

en nypa mald kryddnejlika

2,5 ml / ½ tesked mald kardemumma

2,5 ml / ½ tsk mald ingefära

75 ml / 5 matskedar jordnötsolja (jordnötter)

1 kyckling

Blanda alla kryddor och olja och pensla kycklingen. Lägg i en djup kastrull och tillsätt 30 ml/2 matskedar vatten i pannan. Rosta i en förvärmd ugn vid 180°C/350°F/gas 4 i cirka 2 timmar, tråckla och vänd kycklingen då och då, tills den är gyllene och genomstekt. Tillsätt eventuellt lite mer vatten för att undvika brännskador.

Kyckling i sojasås

Gör 4 till 6 portioner

300 ml / ½ pt / 1¼ koppar sojasås

300 ml / ½ pt / 1¼ kopp risvin eller torr sherry

1 hackad lök

3 skivor ingefära rot, hackad

50 g / 2 oz / ¼ kopp socker

1 kyckling

15 ml / 1 matsked majsmjöl (majsstärkelse)

60 ml / 4 matskedar vatten

1 gurka, skalad och skivad

30 ml / 2 matskedar hackad färsk persilja

Blanda soja, vin eller sherry, lök, ingefära och socker i en kastrull och låt koka upp. Tillsätt kycklingen, låt koka upp igen, täck och låt sjuda i 1 timme, vänd kycklingen då och då tills den är genomstekt. Lägg över kycklingen på ett varmt serveringsfat och skiva. Häll i allt utom 250 ml / 8 fl oz / 1 kopp av matlagningsvätskan och koka upp. Blanda majsmjöl och vatten till en pasta, blanda ner det i pannan och koka under omrörning tills såsen klarnar och tjocknar. Bred lite sås över kycklingen och dekorera kycklingen med gurka och persilja. Servera den återstående såsen separat.

ångad kyckling

för 4 personer

1 kyckling

45 ml / 3 matskedar risvin eller torr sherry

Salt

2 skivor ingefärarot

2 vårlökar (lökar)

250 ml / 8 fl oz / 1 kopp kycklingfond

Lägg kycklingen i en ugnssäker form och gnid in med vin eller sherry och salt och lägg ner ingefäran och vårlöken i hålet. Lägg formen på ett galler i en ångkokare, täck över och ånga över kokande vatten i ca 1 timme tills den är kokt. Servera varm eller kall.

Ångad kyckling med anis

för 4 personer

250 ml / 8 fl oz / 1 kopp sojasås

250 ml / 8 fl oz / 1 kopp vatten

15 ml/1 matsked farinsocker

4 stjärnanisnejlika

1 kyckling

Blanda soja, vatten, socker och anis i en kastrull och låt koka upp på svag värme. Lägg kycklingen i en skål och pensla blandningen väl inifrån och ut. Värm blandningen igen och upprepa. Lägg kycklingen i en ugnssäker form. Lägg formen på ett galler i en ångkokare, täck över och ånga över kokande vatten i ca 1 timme tills den är kokt.

konstigt smakande kyckling

för 4 personer

1 kyckling

5 ml / 1 tsk finhackad ingefära

5 ml / 1 tsk finhackad vitlök

45 ml / 3 matskedar tjock sojasås

5 ml/1 tesked socker

2,5 ml / ½ tsk vinäger

10 ml / 2 matskedar sesamsås

5 ml / 1 tsk nymalen peppar

10 ml / 2 tsk pepparolja

½ grönsallad, hackad

15 ml/1 msk nyhackad koriander

Lägg kycklingen i en kastrull och fyll den med vatten tills den når mitten av kycklingbenen. Koka upp, täck och låt sjuda i ca 1 timme tills kycklingen är mör. Ta bort från pannan och låt rinna av väl och blötlägg i isvatten tills köttet är helt kallt. Låt rinna av väl och skär i 2/5 cm bitar. Blanda alla resterande ingredienser och häll över kycklingen. Den serveras garnerad med sallad och koriander.

Krispiga kycklingbitar

för 4 personer

100 g / 4 oz universalmjöl

nypa salt

15 ml/1 matsked vatten

1 ägg

350 g / 12 oz tärnad kokt kyckling

olja för stekning

Blanda mjöl, salt, vatten och ägg tills du får en ganska stel deg, tillsätt eventuellt lite vatten. Doppa kycklingbitarna i smeten tills de är väl täckta. Hetta upp oljan tills den är väldigt varm och stek kycklingen i några minuter tills den är knaprig och gyllene.

Kyckling med gröna bönor

för 4 personer

45 ml / 3 matskedar jordnötsolja (jordnötter)

450 g / 1 lb kokt kyckling, hackad

5 ml/1 tesked salt

2,5 ml / ½ tesked nymalen peppar

225 g haricots verts, skurna i bitar

1 stjälkselleri, skuren diagonalt

225 g / 8 oz svamp, skivad

250 ml / 8 fl oz / 1 kopp kycklingfond

30 ml / 2 matskedar majsmjöl (majsstärkelse)

60 ml / 4 matskedar vatten

10 ml / 2 matskedar sojasås

Hetta upp oljan och stek kycklingen, krydda med salt och peppar tills den fått lite färg. Tillsätt bönorna, sellerin och svampen och blanda väl. Tillsätt fond, låt koka upp, täck över och låt sjuda i 15 minuter. Blanda majsmjöl, vatten och soja till en pasta, blanda ner det i pannan och koka under omrörning tills såsen klarnar och tjocknar.

Kokt kyckling med ananas

för 4 personer

45 ml / 3 matskedar jordnötsolja (jordnötter)

225 g / 8 oz kokt kyckling, tärnad

salt och nymalen peppar

2 stjälkar selleri, skurna diagonalt

3 ananasskivor, skurna i bitar

120 ml / 4 fl oz / ½ kopp kycklingfond

15 ml/1 matsked sojasås

10 ml / 2 matskedar majsmjöl (majsstärkelse)

30 ml / 2 matskedar vatten

Hetta upp oljan och stek kycklingen tills den fått lite färg. Krydda med salt och peppar, tillsätt selleri och stek i 2 minuter. Tillsätt ananas, fond och soja och rör om i några minuter tills det är genomvärmt. Blanda majsmjöl och vatten till en pasta, blanda i pannan och koka under omrörning tills såsen klarnar och tjocknar.

Kyckling med paprika och tomater

för 4 personer

45 ml / 3 matskedar jordnötsolja (jordnötter)

450 g / 1 lb kokt kyckling, skivad

10 ml/2 tsk salt

5 ml / 1 tsk nymalen peppar

1 grön paprika skuren i bitar

4 stora tomater, skalade och skivade

250 ml / 8 fl oz / 1 kopp kycklingfond

30 ml / 2 matskedar majsmjöl (majsstärkelse)

15 ml/1 matsked sojasås

120 ml / ½ kopp vatten

Hetta upp oljan och stek kycklingen, smaka av med salt och peppar, tills den är brun. Tillsätt paprikan och tomaterna. Häll buljong, koka upp, täck över och koka i 15 minuter. Blanda majsmjöl, soja och vatten till en pasta, blanda ner det i pannan och koka under omrörning tills såsen klarnar och tjocknar.

kyckling sesam

för 4 personer

450 g / 1 lb kokt kyckling, skuren i strimlor

2 skivor finhackad ingefära

1 vårlök (vårlök), finhackad

salt och nymalen peppar

60 ml / 4 matskedar risvin eller torr sherry

60 ml / 4 matskedar sesamolja

10 ml / 2 teskedar socker

5 ml / 1 tsk vinäger

150 ml / ¼ pt / ½ kopp generös sojasås

Lägg upp kycklingen på ett serveringsfat och strö över ingefära, vårlök, salt och peppar. Rör ner vin eller sherry, sesamolja, socker, vinäger och soja. Häll över kycklingen.

stekt poussin

för 4 personer

2 kikärtor, halverade
45 ml / 3 matskedar sojasås
45 ml / 3 matskedar risvin eller torr sherry
120 ml / 4 fl oz / ½ kopp jordnötsolja (jordnötter)
1 vårlök (vårlök), finhackad
30 ml / 2 msk kycklingfond
10 ml / 2 teskedar socker
5 ml / 1 tsk het pepparolja
5 ml / 1 tsk vitlökspasta
salt och peppar

Lägg kikärtorna i en skål. Blanda sojasås och vin eller sherry, häll över fläsket, täck över och låt marinera i 2 timmar, tråckla ofta. Hetta upp oljan och stek de små i ca 20 minuter tills de är genomstekta. Ta bort dem från pannan och hetta upp oljan igen. Lägg tillbaka dem i pannan och stek tills de är gyllenbruna. Häll av det mesta av oljan. Blanda resten av ingredienserna, lägg dem i pannan och värm snabbt. Häll över pousinerna innan servering.

Turkiet med Mangetout

för 4 personer

60 ml / 4 matskedar jordnötsolja

2 vårlökar (lökar), hackade

2 vitlöksklyftor, hackade

1 skiva ingefära, finhackad

225 g / 8 oz kalkonbröst, skuren i strimlor

225 g / 8 oz snapsärtor

100 g / 4 oz bambuskott, skurna i strimlor

50 g / 2 oz vattenkastanjer, skurna i strimlor

45 ml / 3 matskedar sojasås

15 ml / 1 msk risvin eller torr sherry

5 ml/1 tesked socker

5 ml/1 tesked salt

15 ml / 1 matsked majsmjöl (majsstärkelse)

Hetta upp 45 ml / 3 msk olja och fräs vårlöken, vitlöken och ingefäran tills de fått lite färg. Tillsätt kalkonen och stek i 5 minuter. Ta bort från pannan och ställ åt sidan. Hetta upp den återstående oljan och stek sockerärtorna, bambuskotten och vattenkastanjerna i 3 minuter. Tillsätt sojasås, vin eller sherry, socker och salt och lägg tillbaka kalkonen i pannan. Koka i 1 minut. Blanda majsmjölet med lite vatten, rör ner i pannan och koka under omrörning tills såsen klarnar och tjocknar.

Turkiet med paprika

för 4 personer

4 torkade kinesiska svampar
30 ml / 2 matskedar jordnötsolja
1 kinakål, skuren i strimlor
350 g / 12 oz rökt kalkon, skuren i strimlor
1 skivad lök
1 röd paprika skuren i strimlor
1 grön paprika skuren i strimlor
120 ml / 4 fl oz / ½ kopp kycklingfond
30 ml / 2 msk tomatpuré (pasta)
45 ml / 3 matskedar vinäger
30 ml / 2 matskedar sojasås
15 ml/1 matsked hoisinsås
10 ml / 2 tsk majsmjöl (majsstärkelse)
några droppar chiliolja

Blötlägg svampen i varmt vatten i 30 minuter, låt sedan rinna av. Kassera stjälkarna och skär topparna i strimlor. Hetta upp hälften av oljan och stek kålen i cirka 5 minuter eller tills den är genomstekt. Ta bort från pannan. Tillsätt kalkonen och stek i 1 minut. Tillsätt grönsakerna och stek i 3 minuter. Blanda

buljongen med tomatpuré, vinäger och såser och lägg i
kastrullen med kålen. Blanda majsstärkelsen med lite vatten,
rör ner i grytan och låt koka upp under omrörning. Ringla över
chiliolja och koka i 2 minuter under konstant omrörning.

Kinesiskt grillat Turkiet

Det serveras från 8 till 10

1 liten kalkon

600ml / 1pt / 2½ koppar varmt vatten

10 ml / 2 matskedar kryddpeppar

500 ml / 16 fl oz / 2 koppar sojasås

5 ml / 1 tsk sesamolja

10 ml/2 tsk salt

45 ml / 3 matskedar smör

Lägg kalkonen i pannan och häll hett vatten över den. Tillsätt resten av ingredienserna förutom smöret och låt stå i 1 timme, vänd flera gånger. Ta bort kalkonen från vätskan och pensla med smör. Lägg på en bakplåt, täck löst med hushållspapper och rosta i en ugn förvärmd till 160°C/325°F/gas 3 i cirka 4 timmar, tråckla då och då med såsen flytande soja. Ta bort folien och låt skalet bli knaprigt under de sista 30 minuterna av tillagningen.

Kalkon med nötter och svamp

för 4 personer

450 g / 1 kg kalkonbröstfilé

salt och peppar

juice av 1 apelsin

15 ml / 1 matsked universalmjöl

12 svarta valnötter inlagda i juice

5 ml / 1 tsk majsmjöl (majsstärkelse)

15 ml/1 matsked jordnötsolja

2 vårlökar (lökar), tärnade

225g / 8oz svamp

45 ml / 3 matskedar risvin eller torr sherry

10 ml / 2 matskedar sojasås

50 g / 2 oz / ½ kopp smör

25 g / 1 oz pinjenötter

Skär kalkonen i 1 cm/½ tjocka skivor. Strö över salt, peppar och apelsinjuice och pudra över mjöl. Häll av och halvera valnötterna, spara vätskan och blanda vätskan med majsstärkelsen. Hetta upp oljan och stek kalkonen tills den fått färg. Tillsätt vårlöken och svampen och fräs i 2 minuter. Tillsätt vin eller sherry och soja och låt koka i 30 sekunder.

Tillsätt valnötterna i majsmjölsblandningen, släng dem sedan i pannan och låt koka upp. Tillsätt smöret i små flingor, men låt inte blandningen koka. Rosta pinjenötterna i en torr panna tills de är gyllenbruna. Överför kalkonblandningen till ett varmt serveringsfat och servera garnerat med pinjenötter.

Anka med bambuskott

för 4 personer

6 torkade kinesiska svampar

1 anka

50 g / 2 oz rökt skinka, skuren i strimlor

100 g / 4 oz bambuskott, skurna i strimlor

2 ramslökar (salladslökar), skurna i strimlor

2 skivor ingefärsrot, skuren i strimlor

5 ml/1 tesked salt

Blötlägg svampen i varmt vatten i 30 minuter, låt sedan rinna av. Kassera stjälkarna och skär topparna i strimlor. Lägg alla ingredienser i en värmesäker skål och lägg dem i en kastrull fylld till två tredjedelar med vatten. Koka upp, täck och låt sjuda i cirka 2 timmar tills ankan är kokt, fyll på med kokande vatten efter behov.

Anka med böngroddar

för 4 personer

225 g / 8 oz böngroddar

45 ml / 3 matskedar jordnötsolja (jordnötter)

450 g / 1 lb kokt ankkött

15 ml/1 msk ostronsås

15 ml / 1 msk risvin eller torr sherry

30 ml / 2 matskedar vatten

2,5 ml / ½ tsk salt

Blanchera böngroddarna i kokande vatten i 2 minuter och låt rinna av. Hetta upp oljan, stek böngroddarna i 30 sekunder. Tillsätt ankan, fräs tills den är genomvärmd. Tillsätt de återstående ingredienserna och stek i 2 minuter för att blanda smakerna. Servera på en gång.

stuvad anka

för 4 personer

4 vårlökar (lökar), hackade

1 skiva ingefära, finhackad

120 ml / 4 fl oz / ½ kopp sojasås

30 ml / 2 matskedar risvin eller torr sherry

1 anka

120 ml / 4 fl oz / ½ kopp jordnötsolja (jordnötter)

600ml / 1pt / 2½ koppar vatten

15 ml/1 matsked farinsocker

Blanda vårlök, ingefära, soja och vin eller sherry och gnugga den över ankan inifrån och ut. Hetta upp oljan och stek ankan tills den fått lite färg på alla sidor. Tappa ur oljan. Tillsätt vattnet och resten av sojablandningen, låt koka upp, täck och låt sjuda i 1 timme. Tillsätt sockret, täck och låt sjuda i ytterligare 40 minuter tills ankan är mjuk.

Ångad anka med selleri

för 4 personer

350 g / 12 oz kokt anka, skivad

1 huvud selleri

250 ml / 8 fl oz / 1 kopp kycklingfond

2,5 ml / ½ tsk salt

5 ml / 1 tsk sesamolja

1 tomat, skivad

Lägg ankan på ett ånggaller. Skär sellerin i 3/7,5 cm långa bitar och lägg i en kastrull. Häll i buljongen, smaka av med salt och ställ ångkokaren på pannan. Koka upp fonden och låt sjuda i cirka 15 minuter tills sellerin är mör och ankan genomvärmd. Lägg ankan och sellerin på en uppvärmd tallrik, strö sellerin med sesamolja och servera garnerad med tomatskivor.

Anka med ingefära

för 4 personer

350 g / 12 oz ankbröst, tunt skivad

1 ägg, lätt uppvispat

5 ml / 1 tsk sojasås

5 ml / 1 tsk majsmjöl (majsstärkelse)

5 ml / 1 tsk jordnötsolja

olja för stekning

50 g / 2 oz bambuskott

50 g / 2 oz snöärtor (ärtor)

2 skivor ingefära, hackad

15 ml/1 matsked vatten

2,5 ml / ½ tesked socker

2,5 ml / ½ tesked risvin eller torr sherry

2,5 ml / ½ tsk sesamolja

Blanda ankan med ägg, soja, majsstärkelse och olja och låt stå i 10 minuter. Hetta upp oljan och stek ankan och bambuskotten tills de är kokta och gyllene. Ta bort från pannan och låt rinna av väl. Häll allt utom 15 ml / 1 msk olja från pannan och stek anka, bambuskott, snöärter, ingefära, vatten, socker och vin eller sherry i 2 minuter. Den serveras beströdd med sesamolja.

Anka med gröna bönor

för 4 personer

1 anka

60 ml / 4 matskedar jordnötsolja

2 vitlöksklyftor, hackade

2,5 ml / ½ tsk salt

1 hackad lök

15 ml / 1 matsked riven ingefärarot

45 ml / 3 matskedar sojasås

120 ml / 4 fl oz / ½ kopp risvin eller torr sherry

60 ml / 4 matskedar tomatsås (ketchup)

45 ml / 3 matskedar vinäger

300 ml / ½ pt / 1¼ koppar kycklingsoppa

450 g / 1 kg gröna bönor, skivade

nymalen pepparpulver

5 droppar chiliolja

15 ml / 1 matsked majsmjöl (majsstärkelse)

30 ml / 2 matskedar vatten

Skär ankan i 8 eller 10 bitar. Hetta upp oljan och stek ankan tills den är brun. Överför till en skål. Tillsätt vitlök, salt, lök, ingefära, sojasås, vin eller sherry, tomatsås och vinäger. Blanda, täck och marinera i kylen i 3 timmar.

Hetta upp oljan igen, tillsätt anka, fond och marinaden, låt koka upp, täck och låt sjuda i 1 timme. Tillsätt bönorna, täck över och låt sjuda i 15 minuter. Tillsätt peppar och chiliolja. Blanda majsmjölet med vattnet, blanda i pannan och koka under omrörning tills såsen tjocknar.

ångad stekt anka

för 4 personer

1 anka

salt och nymalen peppar

olja för stekning

Hoisin sås

Krydda ankan med salt och peppar och lägg i en värmetålig skål. Lägg två tredjedelar av kastrullen i en kastrull fylld med vatten, låt koka upp, täck och låt sjuda i ca 1 1/2 timme tills ankan är mjuk. Häll av och låt svalna.

Hetta upp oljan och stek ankan tills den är knaprig och gyllene. Ta bort och låt rinna av väl. Skär i små bitar och servera med hoisinsås.

Anka med exotiska frukter

för 4 personer

4 ankbröstfiléer, skurna i strimlor

2,5 ml / ½ tesked femkryddspulver

30 ml / 2 matskedar sojasås

15 ml/1 matsked sesamolja

15 ml/1 matsked jordnötsolja

3 stjälkar selleri, tärnade

2 ananasskivor, tärnade

100 g / 4 oz cantaloupe, tärnad

100 g / 4 oz litchi, halverad

130 ml / 4 fl oz / ½ kopp kycklingfond

30 ml / 2 msk tomatpuré (pasta)

30 ml / 2 matskedar hoisinsås

10 ml / 2 teskedar vinäger

pulveriserat farinsocker

Lägg ankan i en skål. Blanda femkryddspulvret, sojasåsen och sesamoljan, häll över ankan och marinera i 2 timmar, rör om då och då. Hetta upp oljan och stek ankan i 8 minuter. Ta bort från pannan. Tillsätt sellerin och frukten och fräs i 5 minuter. Lägg tillbaka ankan i pannan med resten av ingredienserna, låt koka upp och koka under omrörning i 2 minuter innan servering.

Bräserad anka med kinesiska blad

för 4 personer

1 anka

30 ml / 2 matskedar risvin eller torr sherry

30 ml / 2 matskedar hoisinsås

15 ml / 1 matsked majsmjöl (majsstärkelse)

5 ml/1 tesked salt

5 ml/1 tesked socker

60 ml / 4 matskedar jordnötsolja

4 vårlökar (lökar), hackade

2 vitlöksklyftor, hackade

1 skiva ingefära, finhackad

75 ml / 5 matskedar sojasås

600ml / 1pt / 2½ koppar vatten

225 g / 8 oz kinesiska blad, trasiga

Skär ankan i ca 6 bitar. Kombinera vin eller sherry, hoisinsås, majsstärkelse, salt och socker och gnugga ankan. Låt stå i 1 timme. Hetta upp oljan och fräs vårlöken, vitlöken och ingefäran i några sekunder. Tillsätt ankan och stek tills den fått lätt färg på alla sidor. Häll av överflödigt fett. Häll i sojan och vattnet, låt koka upp, täck och låt sjuda i ca 30 minuter. Tillsätt de kinesiska bladen, täck igen och låt sjuda i ytterligare 30 minuter tills ankan är mjuk.

berusad anka

för 4 personer

2 vårlökar (lökar), hackade
2 hackad vitlöksklyfta
1,5 l / 2½ poäng / 6 koppar vatten
1 anka
450 ml / ¾ pt / 2 koppar risvin eller torr sherry

Lägg vårlök, vitlök och vatten i en stor kastrull och låt koka upp. Tillsätt ankan, låt koka upp, täck över och låt sjuda i 45 minuter. Låt rinna av väl, spara vätska till lager. Låt ankan svalna och ställ sedan i kylen över natten. Skär ankan i bitar och lägg i en stor burk med skruvlock. Häll över vin eller sherry och ställ i kylen ca 1 vecka innan dekantering och servering kyld.

fem erfarna ankor

för 4 personer

150 ml / ¼ pt / generös ½ kopp risvin eller torr sherry

150 ml / ¼ pt / ½ kopp generös sojasås

1 anka

10 ml / 2 teskedar fem kryddor pulver

Koka upp vinet eller sherryn och sojasåsen. Tillsätt ankan och koka på låg värme, vänd i ca 5 minuter. Ta ut ankan från pannan och gnid in femkryddspulvret i skalet. Lägg tillbaka fågeln i pannan och tillsätt tillräckligt med vatten för att halvtäcka ankan. Koka upp, täck och låt sjuda i ca 1 1/2 timme tills ankan är mjuk, vänd och tråckla ofta. Skär ankan i 5/2 cm bitar och servera varm eller kall.

Helstekt anka med ingefära

för 4 personer

1 anka

2 skivor ingefära, riven

2 vårlökar (lökar), hackade

15 ml / 1 matsked majsmjöl (majsstärkelse)

30 ml / 2 matskedar sojasås

30 ml / 2 matskedar risvin eller torr sherry

2,5 ml / ½ tsk salt

45 ml / 3 matskedar jordnötsolja (jordnötter)

Ta bort köttet från benen och skär i bitar. Blanda köttet med alla övriga ingredienser utom oljan. Låt stå i 1 timme. Hetta upp oljan och stek ankan med marinaden i cirka 15 minuter tills ankan är mjuk.

Anka med skinka och purjolök

för 4 personer

1 anka

450 g / 1 kg rökt skinka

2 purjolök

2 skivor ingefära, hackad

45 ml / 3 matskedar risvin eller torr sherry

45 ml / 3 matskedar sojasås

2,5 ml / ½ tsk salt

Lägg ankan i en kastrull och täck endast med kallt vatten. Koka upp, täck och låt sjuda i cirka 20 minuter. Töm och reservera 450 ml / ¾ poäng / 2 dl fond. Låt ankan svalna något, ta sedan bort köttet från benen och skär i 5 cm fyrkanter. Skär skinkan i liknande bitar. Skär långa bitar av purjolök och rulla en skiva anka och skinka inuti bladet och knyt med garn. Lägg i en värmetålig behållare. Tillsätt ingefära, vin eller sherry, sojasås och salt till den reserverade fonden och häll över ankrullarna. Lägg skålen i en kastrull fylld med vatten tills den kommer två tredjedelar upp på skålens sidor. Koka upp, täck och låt sjuda i ca 1 timme tills ankan är mjuk.

stekt anka med honung

för 4 personer

1 anka

Salt

3 vitlöksklyftor, hackade

3 vårlökar (lökar), hackade

45 ml / 3 matskedar sojasås

45 ml / 3 matskedar risvin eller torr sherry

45 ml / 3 skedar honung

200 ml / knappt 1 dl kokande vatten

Klappa ankan torr och gnugga salt inifrån och ut. Rör ner vitlök, vårlök, soja och vin eller sherry och dela sedan blandningen på mitten. Blanda honungen i mitten och gnid den på ankan, låt den sedan torka. Tillsätt vatten till den återstående honungsblandningen. Häll sojablandningen i ankhålan och lägg på galler i en kastrull med lite vatten i botten. Rosta i en förvärmd ugn vid 180°C/350°F/mark 4 i cirka 2 timmar tills ankan är mjuk, pensla med den återstående honungsblandningen under hela tillagningen.

fuktig stekt anka

för 4 personer

6 vårlökar (lökar), hackade

2 skivor ingefära, hackad

1 anka

2,5 ml / ½ tsk mald anis

15 ml/1 matsked socker

45 ml / 3 matskedar risvin eller torr sherry

60 ml / 4 matskedar sojasås

250 ml / 8 fl oz / 1 kopp vatten

Lägg hälften av löken och ingefäran i en stor tjockbottnad panna. Resten läggs i ankans hålrum och läggs i pannan. Tillsätt alla återstående ingredienser utom hoisinsås, låt koka upp, täck och låt sjuda i ca 1 1/2 timme, vänd då och då. Ta ut ankan från pannan och låt den torka i ca 4 timmar.

Lägg ankan på ett galler i en kastrull fylld med lite kallt vatten. Rosta i en förvärmd ugn vid 230°C/450°F/gas 8 i 15 minuter, vänd sedan och rosta i ytterligare 10 minuter tills de är knapriga. Under tiden, värm upp den reserverade vätskan och häll över ankan för att servera.

Sauterad anka med svamp

för 4 personer

1 anka

75 ml / 5 matskedar jordnötsolja (jordnötter)

45 ml / 3 matskedar risvin eller torr sherry

15 ml/1 matsked sojasås

15 ml/1 matsked socker

5 ml/1 tesked salt

pepparpulver

2 vitlöksklyftor, hackade

225 g / 8 oz svamp, halverad

600 ml / 1 pct / 2½ dl kycklingsoppa

15 ml / 1 matsked majsmjöl (majsstärkelse)

30 ml / 2 matskedar vatten

5 ml / 1 tsk sesamolja

Skär ankan i 5 cm / 2 bitar. Hetta upp 45 ml / 3 msk olja och stek ankan tills den fått lätt färg på alla sidor. Tillsätt vin eller sherry, soja, socker, salt och peppar och fräs i 4 minuter. Ta bort från pannan. Hetta upp resterande olja och fräs vitlöken tills den får lite färg. Tillsätt svampen och rör tills den är täckt med olja, häll sedan ankblandningen tillbaka i pannan och tillsätt fonden. Koka upp, täck och låt sjuda i ca 1 timme tills ankan är mjuk. Blanda majsmjöl och vatten till en pasta, rör sedan ner det i blandningen och koka under omrörning tills såsen tjocknar. Ringla över sesamolja och servera.

Anka med två svampar

för 4 personer

6 torkade kinesiska svampar

1 anka

750 ml / 1¼ pct / 3 dl kycklingsoppa

45 ml / 3 matskedar risvin eller torr sherry

5 ml/1 tesked salt

100 g / 4 oz bambuskott, skurna i strimlor

100g / 4oz svamp

Blötlägg svampen i varmt vatten i 30 minuter, låt sedan rinna av. Kassera stjälkarna och skär topparna på mitten. Lägg ankan i en stor värmesäker skål med fond, vin eller sherry och salt och lägg i en kastrull fylld till två tredjedelar upp på sidorna av grytan med vatten. Koka upp, täck och låt sjuda i ca 2 timmar tills ankan är mjuk. Ta ur pannan och skär köttet från benet. Överför matlagningsvätskan till en separat kastrull. Lägg bambuskotten och båda typerna av svamp i botten av ångkokaren, byt ut ankköttet, täck över och låt sjuda i ytterligare 30 minuter. Koka upp matlagningsvätskan och häll över ankan till servering.

Ankgryta med lök

för 4 personer

4 torkade kinesiska svampar

1 anka

90 ml / 6 matskedar sojasås

60 ml / 4 matskedar jordnötsolja

1 vårlök (vårlök), hackad

1 skiva ingefära, finhackad

45 ml / 3 matskedar risvin eller torr sherry

450 g / 1 pund lök, skivad

100 g / 4 oz bambuskott, skivade

15 ml/1 matsked farinsocker

15 ml / 1 matsked majsmjöl (majsstärkelse)

45 ml / 3 matskedar vatten

Blötlägg svampen i varmt vatten i 30 minuter, låt sedan rinna av. Kassera stjälkarna och skär av topparna. Gnid in 15 ml / 1 msk sojasås på ankan. Spara 15 ml / 1 msk olja, värm upp den återstående oljan och stek vårlöken och ingefäran tills de fått lätt färg. Tillsätt ankan och stek tills den fått lätt färg på alla sidor. Tar bort överflödigt fett. Tillsätt vinet eller sherryn, sojasåsen som finns kvar i pannan och tillräckligt med vatten för att nästan täcka ankan. Koka upp, täck och låt sjuda i 1 timme, vänd då och då.

Hetta upp den reserverade oljan och fräs löken tills den är mjuk. Ta av från värmen och tillsätt bambuskott och svamp, tillsätt sedan ankan, lock och låt sjuda i ytterligare 30 minuter tills ankan är mjuk. Ta ut ankan från pannan, skär i bitar och lägg på en het serveringsfat. Koka upp vätskorna i grytan, tillsätt socker och majsstärkelse och koka under omrörning tills blandningen kokar och tjocknar. Häll över ankan för att servera.

Anka med apelsin

för 4 personer

1 anka

3 vårlökar (lökar), skurna i bitar

2 skivor ingefärsrot, skuren i strimlor

1 skiva apelsinskal

salt och nymalen peppar

Lägg ankan i en stor gryta, täck med vatten och låt koka upp. Tillsätt vårlök, ingefära och apelsinskal, täck över och låt sjuda i ca 1 1/2 timme tills ankan är mjuk. Krydda med salt och peppar, låt rinna av och servera.

Helstekt hel anka med apelsiner

för 4 personer

1 anka

2 vitlöksklyftor, halverade

45 ml / 3 matskedar jordnötsolja (jordnötter)

1 lök

1 apelsin

120 ml / 4 fl oz / ½ kopp risvin eller torr sherry

2 skivor ingefära, hackad

5 ml/1 tesked salt

Gnid in vitlöken över ankan inifrån och ut och pensla sedan med olja. Den skalade löken hittas med en gaffel, placeras tillsammans med den oskalade apelsinen i ankans hålrum och stängs med ett spett. Lägg ankan på ett galler över en panna fylld med lite hett vatten och stek i en ugn som är förvärmd till 160°C/325°F/gasmark 3 i cirka 2 timmar. Kassera vätskan och lägg tillbaka ankan i pannan. Häll över vin eller sherry och strö över ingefära och salt. Återgå till ugnen i ytterligare 30 minuter. Släng löken och apelsinen och skär ankan i bitar för servering. Häll pannsaft över ankan för att servera.

Anka med päron och kastanjer

för 4 personer

225 g / 8 oz kastanjer, skalade

1 anka

45 ml / 3 matskedar jordnötsolja (jordnötter)

250 ml / 8 fl oz / 1 kopp kycklingfond

45 ml / 3 matskedar sojasås

15 ml / 1 msk risvin eller torr sherry

5 ml/1 tesked salt

1 skiva ingefära, finhackad

1 stort päron, skalat och skuret i tjocka skivor

15 ml/1 matsked socker

Koka kastanjerna i 15 minuter och låt rinna av. Skär ankan i 5/2 cm bitar Värm oljan och stek ankan tills den får lite färg på alla sidor. Häll av överflödig olja och tillsätt sedan fond, sojasås, vin eller sherry, salt och ingefära. Koka upp, täck och låt sjuda i 25 minuter, rör om då och då. Tillsätt kastanjerna, täck över och låt sjuda i ytterligare 15 minuter. Strö päronen med socker, lägg dem i pannan och koka i ca 5 minuter tills de är genomvärmda.

Pekinganka

för 6

1 anka

250 ml / 8 fl oz / 1 kopp vatten

120 ml / 4 fl oz / ½ kopp honung

120 ml / 4 fl oz / ½ kopp sesamolja

För pannkakor:

250 ml / 8 fl oz / 1 kopp vatten

225 g / 8 oz / 2 koppar universalmjöl

jordnötsolja för stekning

För såser:

120 ml / 4 fl oz / ½ kopp hoisinsås

30 ml / 2 matskedar farinsocker

30 ml / 2 matskedar sojasås

5 ml / 1 tsk sesamolja

6 salladslökar (salladslök), skuren på längden

1 gurka skuren i strimlor

Ankan ska vara hel, med skinnet intakt. Knyt nacken hårt med garn och sy eller fäst den nedre öppningen. Skär en liten skåra i sidan av halsen, stick in ett sugrör och blås luft under huden tills det sväller. Häng ankan över ett handfat och låt vila i 1 timme.

Koka upp en kastrull med vatten, tillsätt ankan och koka i 1 minut, ta sedan bort och torka väl. Koka upp vatten och tillsätt honung. Gnid blandningen över ankskinnet tills den är mättad. Häng ankan över en behållare på en sval, luftig plats i ca 8 timmar tills skalet är fast.

Häng ankan eller lägg den på ett galler över en panna och stek i en ugn som är förvärmd till 180°C/350°F/gasmark 4 i cirka 1½ timme, pensla regelbundet med sesamolja.

För att göra pannkakorna, låt vattnet koka upp och tillsätt sedan mjölet gradvis. Knåda försiktigt tills degen är mjuk, täck med en fuktig trasa och låt vila i 15 minuter. Den sprids på en bräda täckt med mjöl och formas till en lång cylinder. Skär i 1 tum / 2,5 cm skivor, platta till ca ¼ / 5 mm tjocka och pensla toppen med olja. Stapla i par med de oljade ytorna vidrörande och pudra utsidan lätt med mjöl. Kavla ut briochen till cirka 10 cm bred och stek i par i cirka 1 minut på varje sida, tills den fått lätt färg. Separera och stapla tills de ska serveras.

Förbered såserna genom att blanda hälften av hoisinsåsen med sockret och blanda resten av hoisinsåsen med sojasåsen och sesamoljan.

Ta ut ankan från ugnen, putsa skinnet och skär den i rutor och tärna köttet. Lägg upp på separata tallrikar och servera med pannkakor, såser och tillbehör.

Stuvad anka med ananas

för 4 personer

1 anka

400 g / 14 oz konserverade ananasbitar i sirap

45 ml / 3 matskedar sojasås

5 ml/1 tesked salt

nymalen pepparpulver

Lägg ankan i en tjockbottnad kastrull, täck med tillräckligt med vatten, låt koka upp, täck sedan och låt sjuda i 1 timme. Häll ananassirapen i pannan med sojasås, salt och peppar, täck över och koka på låg värme i ytterligare 30 minuter. Tillsätt ananasbitarna och låt sjuda i ytterligare 15 minuter tills ankan är mjuk.

Sauterad anka med ananas

för 4 personer

1 anka

45 ml / 3 matskedar majsmjöl (majsstärkelse)

45 ml / 3 matskedar sojasås

225 g / 8 oz konserverad ananas i sirap

45 ml / 3 matskedar jordnötsolja (jordnötter)

2 skivor ingefärsrot, skuren i strimlor

15 ml / 1 msk risvin eller torr sherry

5 ml/1 tesked salt

Skär köttet från benet och skär i bitar. Blanda sojasåsen med 30 ml / 2 msk av oljan och blanda med ankan tills den är väl täckt. Låt stå i 1 timme, rör om då och då. Krossa ananas och sirap och värm försiktigt i en kastrull. Blanda resterande majsmjöl med lite vatten, blanda i pannan och koka under omrörning tills såsen tjocknar. Hålla varm. Hetta upp oljan och stek ingefäran lätt gyllene, släng sedan ingefäran. Tillsätt ankan och stek tills den fått lätt färg på alla sidor. Tillsätt vin eller sherry och salt och fräs ytterligare några minuter tills ankan är genomstekt. Lägg ankan på ett uppvärmt serveringsfat, häll över såsen och servera direkt.

Ananas och ingefära Anka

för 4 personer

1 anka

100 g / 4 oz ingefära konserverad i sirap

200 g / 7 oz konserverade ananasbitar i sirap

5 ml/1 tesked salt

15 ml / 1 matsked majsmjöl (majsstärkelse)

30 ml / 2 matskedar vatten

Lägg ankan i en ugnssäker skål och lägg i en kastrull fylld med vatten tills den kommer två tredjedelar upp på sidorna av grytan. Koka upp, täck och låt sjuda i ca 2 timmar tills ankan är mjuk. Vi tar ut ankan och låter den svalna lite. Ta bort skinn och ben och skär ankan i bitar. Lägg upp på ett serveringsfat och håll varmt.

Häll ingefära och ananassirap i en kastrull, tillsätt salt, majsmjöl och vatten. Koka upp under omrörning och koka i några minuter under omrörning tills såsen klarnar och tjocknar. Tillsätt ingefära och ananas, blanda och häll över ankan till servering.

Anka med ananas och litchi

för 4 personer

4 ankbröst

15 ml/1 matsked sojasås

1 stjärnanisnejlika

1 skiva ingefärarot

jordnötsolja för stekning

90 ml / 6 matskedar vinäger

100 g / 4 oz / ½ kopp farinsocker

250 ml / 8 fl oz / ½ kopp kycklingfond

15 ml / 1 sked tomatsås (ketchup)

200 g / 7 oz konserverade ananasbitar i sirap

15 ml / 1 matsked majsmjöl (majsstärkelse)

6 burkar litchi

6 maraschino körsbär

Lägg ankor, soja, anis och ingefära i en kastrull och täck med kallt vatten. Koka upp, avfetta, täck sedan och låt sjuda i cirka 45 minuter tills ankan är genomstekt. Häll av och torka. Stek i het olja tills det är knaprigt.

Blanda under tiden ättika, socker, fond, tomatsås och 30 ml / 2 msk ananassirap i en kastrull, låt koka upp och låt sjuda i cirka

5 minuter tills det tjocknat. Tillsätt frukten och värm igenom innan du häller över ankan till servering.

Anka med fläsk och kastanjer

för 4 personer

6 torkade kinesiska svampar

1 anka

225 g / 8 oz kastanjer, skalade

225 g/8 oz magert fläsk i tärningar

3 vårlökar (lökar), hackade

1 skiva ingefära, finhackad

250 ml / 8 fl oz / 1 kopp sojasås

900 ml / 1½ poäng / 3¾ koppar vatten

Blötlägg svampen i varmt vatten i 30 minuter, låt sedan rinna av. Kassera stjälkarna och skär av topparna. Lägg i en stor kastrull med alla resterande ingredienser, låt koka upp, täck och låt sjuda i ca 1 1/2 timme tills ankan är genomstekt.

Anka med potatis

för 4 personer

75 ml / 5 matskedar jordnötsolja (jordnötter)
1 anka
3 vitlöksklyftor, hackade
30 ml / 2 matskedar svart bönsås
10 ml/2 tsk salt
1,2 l / 2 poäng / 5 koppar vatten
2 purjolök, tjockt skivad
15 ml/1 matsked socker
45 ml / 3 matskedar sojasås
60 ml / 4 matskedar risvin eller torr sherry
1 stjärnanisnejlika
900g / 2lb potatis, tjockt skivad
½ huvud kinesiska blad
15 ml / 1 matsked majsmjöl (majsstärkelse)
30 ml / 2 matskedar vatten
kvistar av platt bladpersilja

Hetta upp 60 ml / 4 msk olja och stek ankan tills den fått färg på alla sidor. Knyt eller sy ihop halsändan och lägg ankan, med halsen neråt, i en djup skål. Hetta upp resterande olja och fräs vitlöken tills den får lite färg. Tillsätt den svarta bönsåsen och saltet och låt sjuda i 1 minut. Tillsätt vatten, purjolök, socker, soja, vin eller sherry och stjärnanis och låt koka upp. Häll 120 ml / 8 fl oz / 1 kopp blandning i ankans hålighet och knyt eller sy för att säkra. Koka upp resten av blandningen i pannan. Tillsätt ankan och potatisen, täck och låt sjuda i 40 minuter, vänd ankan en gång. Lägg de kinesiska bladen på ett serveringsfat. Ta ut ankan från pannan, skär i 5/2 cm bitar och lägg på serveringsfatet med potatisen.

Röd kokt anka

för 4 personer

1 anka

4 vårlökar (lökar), skurna i bitar

2 skivor ingefärsrot, skuren i strimlor

90 ml / 6 matskedar sojasås

45 ml / 3 matskedar risvin eller torr sherry

10 ml/2 tsk salt

10 ml / 2 teskedar socker

Lägg ankan i en tjock kastrull, täck med vatten och låt koka upp. Tillsätt vårlök, ingefära, vin eller sherry och salt, täck över och låt sjuda i ca 1 timme. Tillsätt sockret och låt sjuda i ytterligare 45 minuter tills ankan är mjuk. Skär ankan på ett serveringsfat och servera varm eller kall, med eller utan sås.

Helstekt anka med risvin

för 4 personer

1 anka

500 ml / 14 fl oz / 1¾ koppar risvin eller torr sherry

5 ml/1 tesked salt

45 ml / 3 matskedar sojasås

Lägg ankan i en tjock panna med sherry och salt, låt koka upp, täck och låt sjuda i 20 minuter. Töm ankan, spara vätskan och gnid in den med sojasås. Placera på ett galler i en bricka fylld med lite hett vatten och rosta i en förvärmd ugn vid 180°C/350°F/gasmark 4 i cirka 1 timme, tråckla regelbundet med den reserverade vinvätskan.

Ångad anka med risvin

för 4 personer

1 anka

4 te (kannor), halverade

1 skiva ingefära, finhackad

250 ml / 8 fl oz / 1 kopp risvin eller torr sherry

30 ml / 2 matskedar sojasås

nypa salt

Koka ankan i kokande vatten i 5 minuter och låt rinna av. Lägg i en värmesäker skål tillsammans med resterande ingredienser. Lägg skålen i en kastrull fylld med vatten tills den kommer två tredjedelar upp på skålens sidor. Koka upp, täck och låt sjuda i ca 2 timmar tills ankan är mjuk. Kassera vårlöken och ingefäran innan servering.

Salt anka

för 4 personer

45 ml / 3 matskedar jordnötsolja (jordnötter)
4 ankbröst
3 vårlökar (lökar), skivade
2 vitlöksklyftor, hackade
1 skiva ingefära, finhackad
250 ml / 8 fl oz / 1 kopp sojasås
30 ml / 2 matskedar risvin eller torr sherry
30 ml / 2 matskedar farinsocker
5 ml/1 tesked salt
450 ml / ¾ pt / 2 koppar vatten
15 ml / 1 matsked majsmjöl (majsstärkelse)

Hetta upp oljan och stek ankbröstet gyllene. Tillsätt vårlök, vitlök och ingefära och fräs i 2 minuter. Tillsätt sojasås, vin eller sherry, socker och salt och blanda väl. Tillsätt vattnet, koka upp, täck och låt sjuda i ca 1 1/2 timme tills köttet är väldigt mört. Majsmjölet blandas med lite vatten, kastas sedan i pannan och kokas under omrörning tills såsen tjocknar.

Saltad anka med gröna bönor

för 4 personer

45 ml / 3 matskedar jordnötsolja (jordnötter)

4 ankbröst

3 vårlökar (lökar), skivade

2 vitlöksklyftor, hackade

1 skiva ingefära, finhackad

250 ml / 8 fl oz / 1 kopp sojasås

30 ml / 2 matskedar risvin eller torr sherry

30 ml / 2 matskedar farinsocker

5 ml/1 tesked salt

450 ml / ¾ pt / 2 koppar vatten

225 g / 8 oz gröna bönor

15 ml / 1 matsked majsmjöl (majsstärkelse)

Hetta upp oljan och stek ankbröstet gyllene. Tillsätt vårlök, vitlök och ingefära och fräs i 2 minuter. Tillsätt sojasås, vin eller sherry, socker och salt och blanda väl. Tillsätt vattnet, låt koka upp, täck och låt sjuda i ca 45 minuter. Tillsätt bönorna, täck över och låt sjuda i ytterligare 20 minuter. Majsmjölet blandas med lite vatten, kastas sedan i pannan och kokas under omrörning tills såsen tjocknar.

Slow Cooked Anka

för 4 personer

1 anka

50 g / 2 oz / ½ kopp majsmjöl (maizena)

olja för stekning

2 vitlöksklyftor, hackade

30 ml / 2 matskedar risvin eller torr sherry

30 ml / 2 matskedar sojasås

5 ml / 1 tsk riven ingefärarot

750 ml / 1¼ pct / 3 dl kycklingsoppa

4 torkade kinesiska svampar

225 g / 8 oz bambuskott, skivade

225 g / 8 oz vattenkastanjer, skivade

10 ml / 2 teskedar socker

pepparpulver

5 vårlökar (lökar), skivade

Skär ankan i små bitar. Spara 30 ml / 2 msk av majsmjölet och täck ankan med det återstående majsmjölet. Rensa bort överflödigt damm. Hetta upp oljan och fräs vitlök och anka tills de fått lite färg. Ta bort från pannan och låt rinna av på hushållspapper. Lägg ankan i en stor panna. Rör ner vinet eller sherryn, 15 ml/1 msk sojasås och ingefära. Lägg den i pannan och koka den på hög värme i 2 minuter. Tillsätt hälften av fonden, låt koka upp, täck och låt sjuda i ca 1 timme tills ankan är mjuk.

Blötlägg under tiden svampen i varmt vatten i 30 minuter, låt sedan rinna av. Kassera stjälkarna och skär av topparna. Tillsätt svampen, bambuskotten och vattenkastanjerna till ankan och koka, rör om ofta, i 5 minuter. Ta bort fettet från vätskan. Blanda resterande buljong, majsmjöl och soja med socker och peppar och blanda i pannan. Koka upp under omrörning och låt sjuda i cirka 5 minuter tills såsen tjocknar. Överför till en varm serveringsskål och servera garnerad med te.

Anka fru

för 4 personer

1 äggvita, lätt vispad

20 ml / 1½ tsk majsmjöl (maizena)

Salt

450 g / 1 lb ankbröst, tunt skivad

45 ml / 3 matskedar jordnötsolja (jordnötter)

2 ramslökar (salladslökar), skurna i strimlor

1 grön paprika skuren i strimlor

5 ml / 1 tsk risvin eller torr sherry

75 ml / 5 msk kycklingfond

2,5 ml / ½ tesked socker

Vispa äggvitorna med 15 ml / 1 matsked majs och en nypa salt. Tillsätt den skivade ankan och rör tills ankan är täckt. Hetta upp oljan och stek ankan tills den är genomstekt och gyllene. Ta ut ankan från pannan och rinna av allt utom 30 ml / 2 msk av oljan. Tillsätt vårlök och paprika och fräs i 3 minuter. Tillsätt vin eller sherry, fond och socker och låt koka upp. Blanda resterande majsmjöl med lite vatten, rör ner i såsen och koka under omrörning tills såsen tjocknar. Tillsätt ankan, värm och servera.

anka med sötpotatis

för 4 personer

1 anka

250 ml / 8 fl oz / 1 kopp jordnötsolja (jordnötter)

225 g / 8 oz sötpotatis, skalad och tärnad

2 vitlöksklyftor, hackade

1 skiva ingefära, finhackad

2,5 ml / ½ tesked kanel

2,5 ml / ½ tesked malda nejlikor

en nypa mald anis

5 ml/1 tesked socker

15 ml/1 matsked sojasås

250 ml / 8 fl oz / 1 kopp kycklingfond

15 ml / 1 matsked majsmjöl (majsstärkelse)

30 ml / 2 matskedar vatten

Skär ankan i 5 cm / 2 bitar Värm oljan och stek den gyllene potatisen. Ta bort från pannan och rinna av allt utom 30 ml / 2 msk olja. Tillsätt vitlök och ingefära och fräs i 30 sekunder. Tillsätt ankan och stek tills den fått lätt färg på alla sidor. Tillsätt kryddor, socker, soja och fond och låt koka upp. Tillsätt potatisen, täck och låt sjuda i cirka 20 minuter tills ankan är mjuk. Blanda majsmjölet till en pasta med vattnet, blanda sedan i pannan och koka under omrörning tills såsen tjocknar.

sötsur anka

för 4 personer

1 anka

1,2 l / 2 poäng / 5 dl kycklingsoppa

2 lökar

2 morötter

2 vitlöksklyftor, skurna i skivor

15 ml / 1 matsked pickling kryddor

10 ml/2 tsk salt

10 ml / 2 tsk jordnötsolja

6 vårlökar (lökar), hackade

1 mango, skalad och tärnad

12 litchi, halverade

15 ml / 1 matsked majsmjöl (majsstärkelse)

15 ml/1 matsked vinäger

10 ml / 2 matskedar tomatpuré (pasta)

15 ml/1 matsked sojasås

5 ml / 1 tesked fem kryddor pulver

300 ml / ½ pt / 1¼ koppar kycklingsoppa

Lägg ankan i en ångkokare över en kastrull som innehåller fond, lök, morot, vitlök, pickles och salt. Täck över och ånga i

2 1/2 timme. Kyl ankan, täck över och ställ i kylen i 6 timmar.
Ta bort köttet från benen och tärna det. Hetta upp oljan och
fräs ankan och vårlöken tills de blir knapriga. Tillsätt resten av
ingredienserna, låt koka upp och koka i 2 minuter under
omrörning tills såsen tjocknar.

mandarin anka

för 4 personer

1 anka

60 ml / 4 matskedar jordnötsolja

1 bit torkat mandarinskal

900 ml / 1½ poäng / 3¾ dl kycklingfond

5 ml/1 tesked salt

Häng ankan på tork i 2 timmar. Hetta upp hälften av oljan och stek ankan lätt gyllene. Överför till en stor värmesäker skål. Hetta upp den återstående oljan och stek mandarinskalet i 2 minuter, lägg sedan in i ankan. Häll buljongen över ankan och smaka av med salt. Lägg formen på galler i en ångkokare, täck över och ånga i ca 2 timmar tills ankan är mjuk.

Anka med grönsaker

för 4 personer

1 stor anka, skuren i 16 bitar

Salt

300 ml / ½ pt / 1¼ kopp vatten

300 ml / ½ pt / 1¼ koppar torrt vitt vin

120 ml / 4 fl oz / ½ kopp vinäger

45 ml / 3 matskedar sojasås

30 ml / 2 matskedar plommonsås

30 ml / 2 matskedar hoisinsås

5 ml / 1 tesked fem kryddor pulver

6 vårlökar (lökar), hackade

2 morötter, hackade

5 cm / 2 hackade vita rädisor

50 g / 2 oz bok choy, tärnad

nymalen peppar

5 ml/1 tesked socker

Lägg ankbitarna i en skål, strö över salt och tillsätt vattnet och vinet. Tillsätt vinäger, sojasås, plommonsås, hoisinsås och pulvret med fem kryddor, låt koka upp, täck och låt sjuda i ca 1 timme. Lägg grönsakerna i grytan, ta av locket och koka i ytterligare 10 minuter. Krydda med salt, peppar och socker och låt svalna. Täck över och kyl över natten. Putsa fettet och värm sedan ankan i såsen i 20 minuter.

Sauterad anka med grönsaker

för 4 personer

4 torkade kinesiska svampar
1 anka
10 ml / 2 tsk majsmjöl (majsstärkelse)
15 ml/1 matsked sojasås
45 ml / 3 matskedar jordnötsolja (jordnötter)
100 g / 4 oz bambuskott, skurna i strimlor
50 g / 2 oz vattenkastanjer, skurna i strimlor
120 ml / 4 fl oz / ½ kopp kycklingfond
15 ml / 1 msk risvin eller torr sherry
5 ml/1 tesked salt

Blötlägg svampen i varmt vatten i 30 minuter, låt sedan rinna av. Kassera stjälkarna och topparna på tärningarna. Ta bort köttet från benen och skär i bitar. Blanda majs- och sojamjölet, tillsätt ankköttet och låt stå i 1 timme. Hetta upp oljan och stek ankan tills den fått lite färg på alla sidor. Ta bort från pannan. Tillsätt svampen, bambuskotten och vattenkastanjerna i pannan och stek i 3 minuter. Tillsätt fond, vin eller sherry och salt, låt koka upp och låt sjuda i 3 minuter. Lägg tillbaka ankan i pannan, täck över och koka i ytterligare 10 minuter tills ankan är mjuk.

Vit kokt anka

för 4 personer

1 skiva ingefära, finhackad

250 ml / 8 fl oz / 1 kopp risvin eller torr sherry

salt och nymalen peppar

1 anka

3 vårlökar (lökar), hackade

5 ml/1 tesked salt

100 g / 4 oz bambuskott, skivade

100 g / 4 oz rökt skinka, skivad

Rör ner ingefäran, 15 ml / 1 msk vin eller sherry, lite salt och peppar. Gnid ankan och låt stå i 1 timme. Lägg fågeln i en tjock panna med marinaden och tillsätt vårlöken och saltet. Tillsätt tillräckligt med kallt vatten bara för att täcka ankan, låt koka upp, täck och låt sjuda i cirka 2 timmar tills ankan är mjuk. Tillsätt bambuskott och skinka och låt sjuda i ytterligare 10 minuter.

anka med vin

för 4 personer

1 anka

15 ml/1 msk gul bönsås

1 skivad lök

1 flaska torrt vitt vin

Gnid ankan in- och utvändigt med gul bönsås. Lägg löken i hålet. Koka upp vinet i en stor kastrull, tillsätt ankan, låt koka upp, täck och låt sjuda i ca 3 timmar tills ankan är mjuk. Låt rinna av och skär i skivor för servering.

www.ingramcontent.com/pod-product-compliance
Lightning Source LLC
Chambersburg PA
CBHW071429080526
44587CB00014B/1780